ESPANHOL
VOCABULÁRIO

PALAVRAS MAIS ÚTEIS

PORTUGUÊS ESPANHOL

Para alargar o seu léxico e apurar
as suas competências linguísticas

3000 palavras

Vocabulário Português-Espanhol - 3000 palavras

Por Andrey Taranov

Os vocabulários da T&P Books destinam-se a ajudar a aprender, a memorizar, e a rever palavras estrangeiras. O dicionário é dividido em temas, cobrindo todas as principais esferas de atividades quotidianas, negócios, ciência, cultura, etc.

O processo de aprendizagem, utilizando os dicionários baseados em temáticas da T&P Books dá-lhe as seguintes vantagens:

- Informação de origem corretamente agrupada predetermina o sucesso em fases subsequentes da memorização de palavras
- Disponibilização de palavras derivadas da mesma raiz, o que permite a memorização de unidades de texto (em vez de palavras separadas)
- Pequenas unidades de palavras facilitam o processo de estabelecimento de vínculos associativos necessários para a consolidação do vocabulário
- O nível de conhecimento da língua pode ser estimado pelo número de palavras aprendidas

T&P Books Publishing
www.tpbooks.com

ISBN: 978-1-78400-952-6

Este livro também está disponível em formato E-book.
Por favor visite www.tpbooks.com ou as principais livrarias on-line.

VOCABULÁRIO ESPANHOL
palavras mais úteis

Os vocabulários da T&P Books destinam-se a ajudar a aprender, a memorizar, e a rever palavras estrangeiras. O vocabulário contém mais de 3000 palavras de uso comum organizadas tematicamente.

O vocabulário contém as palavras mais comummente usadas
Recomendado como adicional para qualquer curso de línguas
Satisfaz as necessidades dos iniciados e dos alunos avançados de línguas estrangeiras
Conveniente para o uso diário, sessões de revisão e atividades de auto-teste
Permite avaliar o seu vocabulário

Características especias do vocabulário

• As palavras estão organizadas de acordo com o seu significado, e não por ordem alfabética
• As palavras são apresentadas em três colunas para facilitar os processos de revisão e auto-teste
• As palavras compostas são divididas em pequenos blocos para facilitar o processo de aprendizagem
• O vocabulário oferece uma transcrição simples e adequada de cada palavra estrangeira

O vocabulário contém 101 tópicos incluindo:

Conceitos básicos, Números, Cores, Meses, Estações do ano, Unidades de medida, Roupas & Acessórios, Alimentos & Nutrição, Restaurante, Membros da Família, Parentes, Caráter, Sentimentos, Emoções, Doenças, Cidade, Passeios, Compras, Dinheiro, Casa, Lar, Escritório, Trabalho no Escritório, Importação & Exportação, Marketing, Pesquisa de Emprego, Desportos, Educação, Computador, Internet, Ferramentas, Natureza, Países, Nacionalidades e muito mais ...

TABELA DE CONTEÚDOS

GUIA DE PRONUNCIAÇÃO

Alfabeto fonético T&P	Exemplo Espanhol	Exemplo Português
[a]	grado	chamar
[e]	mermelada	metal
[i]	física	sinónimo
[o]	tomo	lobo
[u]	cubierta	bonita
[b]	baño, volar	barril
[β]	abeja	sábado
[d]	dicho	dentista
[ð]	tirada	[z] - fricativa dental sonora não-sibilante
[f]	flauta	safári
[dʒ]	azerbaidzhano	adjetivo
[g]	gorro	gosto
[ɣ]	negro	agora
[j]	botella	géiser
[k]	tabaco	kiwi
[l]	arqueólogo	libra
[lʲ]	novela	ralho
[m]	mosaico	magnólia
[m̩]	confitura	[m] nasal
[n]	camino	natureza
[ŋ]	blanco	alcançar
[p]	zapatero	presente
[r]	sabroso	riscar
[s]	asesor	sanita
[θ]	lápiz	[s] - fricativa dental surda não-sibilante
[t]	estatua	tulipa
[tʃ]	lechuza	Tchau!
[v]	Kiev	fava
[x]	dirigir	fricativa uvular surda
[z]	esgrima	sésamo
[ʃ]	sheriff	mês
[w]	whisky	página web
[ˈ]	[reˈlox]	acento principal
[·]	[aβre·ˈlʲatas]	ponto mediano

ABREVIATURAS
usadas no vocabulário

Abreviaturas do Português

adj	-	adjetivo
adv	-	advérbio
anim.	-	animado
conj.	-	conjunção
desp.	-	desporto
etc.	-	etecetra
ex.	-	por exemplo
f	-	nome feminino
f pl	-	feminino plural
fem.	-	feminino
inanim.	-	inanimado
m	-	nome masculino
m pl	-	masculino plural
m, f	-	masculino, feminino
masc.	-	masculino
mat.	-	matemática
mil.	-	militar
pl	-	plural
prep.	-	preposição
pron.	-	pronome
sb.	-	sobre
sing.	-	singular
v aux	-	verbo auxiliar
vi	-	verbo intransitivo
vi, vt	-	verbo intransitivo, transitivo
vr	-	verbo reflexivo
vt	-	verbo transitivo

Abreviaturas do Espanhol

adj	-	adjetivo
adv	-	advérbio
f	-	nome feminino
f pl	-	feminino plural
fam.	-	familiar
m	-	nome masculino
m pl	-	masculino plural
m, f	-	masculino, feminino

n	-	neutro
pl	-	plural
v aux	-	verbo auxiliar
vi	-	verbo intransitivo
vi, vt	-	verbo intransitivo, transitivo
vr	-	verbo reflexivo
vt	-	verbo transitivo

CONCEITOS BÁSICOS

1. Pronomes

eu	yo	[jo]
tu	tú	[tu]
ele	él	[elʲ]
ela	ella	['eja]
nós (masc.)	nosotros	[no'sotros]
nós (fem.)	nosotras	[no'sotras]
vocês (masc.)	vosotros	[bo'sotros]
vocês (fem.)	vosotras	[bo'sotras]
você (sing.)	Usted	[us'teð]
você (pl)	Ustedes	[us'teðes]
eles	ellos	['ejos]
elas	ellas	['ejas]

2. Cumprimentos. Saudações

Olá!	¡Hola!	['olʲa]
Bom dia! (formal)	¡Hola!	['olʲa]
Bom dia! (de manhã)	¡Buenos días!	['buenos 'dias]
Boa tarde!	¡Buenas tardes!	['buenas 'tarðes]
Boa noite!	¡Buenas noches!	['buenas 'notʃes]
cumprimentar (vt)	decir hola	[de'θir 'olʲa]
Olá!	¡Hola!	['olʲa]
saudação (f)	saludo (m)	[sa'lʲuðo]
saudar (vt)	saludar (vt)	[salʲu'ðar]
Como vai?	¿Cómo estás?	['komo es'tas]
O que há de novo?	¿Qué hay de nuevo?	[ke aj de nu'eβo]
Adeus! (formal)	¡Adiós!	[a'ðjos]
Até à vista! (informal)	¡Hasta la vista!	['asta lʲa 'bista]
Até breve!	¡Hasta pronto!	['asta 'pronto]
Adeus!	¡Adiós!	[a'ðjos]
despedir-se (vr)	despedirse (vr)	[despe'ðirse]
Até logo!	¡Hasta luego!	['asta lʲu'ego]
Obrigado! -a!	¡Gracias!	['graθias]
Muito obrigado! -a!	¡Muchas gracias!	['mutʃas 'graθias]
De nada	De nada	[de 'naða]
Não tem de quê	No hay de qué	[no aj de 'ke]
De nada	De nada	[de 'naða]
Desculpa!	¡Disculpa!	[dis'kulʲpa]
Desculpe!	¡Disculpe!	[dis'kulʲpe]

desculpar (vt)	disculpar (vt)	[diskul'par]
desculpar-se (vr)	disculparse (vr)	[diskul'parse]
As minhas desculpas	Mis disculpas	[mis dis'kulpas]
Desculpe!	¡Perdóneme!	[per'ðoneme]
perdoar (vt)	perdonar (vt)	[perðo'nar]
Não faz mal	¡No pasa nada!	[no 'pasa 'naða]
por favor	por favor	[por fa'βor]
Não se esqueça!	¡No se le olvide!	[no se le ol'βiðe]
Certamente! Claro!	¡Ciertamente!	[θjerta'mento]
Claro que não!	¡Claro que no!	['klʲaro ke 'no]
Está bem! De acordo!	¡De acuerdo!	[de aku'erðo]
Basta!	¡Basta!	['basta]

3. Questões

Quem?	¿Quién?	['kjen]
Que?	¿Qué?	[ke]
Onde?	¿Dónde?	['donde]
Para onde?	¿Adónde?	[a'ðonde]
De onde?	¿De dónde?	[de 'donde]
Quando?	¿Cuándo?	[ku'ando]
Para quê?	¿Para qué?	[para 'ke]
Porquê?	¿Por qué?	[por 'ke]
Para quê?	¿Por qué razón?	[por ke ra'θon]
Como?	¿Cómo?	['komo]
Qual?	¿Qué?	[ke]
Qual? (entre dois ou mais)	¿Cuál?	[ku'alʲ]
A quem?	¿A quién?	[a 'kjen]
Sobre quem?	¿De quién?	[de 'kjen]
Do quê?	¿De qué?	[de 'ke]
Com quem?	¿Con quién?	[kon 'kjen]
Quanto, -os, -as?	¿Cuánto?	[ku'anto]
De quem? (masc.)	¿De quién?	[de 'kjen]

4. Preposições

com (prep.)	con ...	[kon]
sem (prep.)	sin	[sin]
a, para (exprime lugar)	a ...	[a]
sobre (ex. falar ~)	de ..., sobre ...	[de], ['soβre]
antes de ...	antes de ...	['antes de]
diante de ...	delante de ...	[de'lʲante de]
sob (debaixo de)	debajo	[de'βaxo]
sobre (em cima de)	sobre ..., encima de ...	['soβre], [en'θima de]
sobre (~ a mesa)	en ..., sobre ...	[en], ['soβre]
de (vir ~ Lisboa)	de ...	[de]
de (feito ~ pedra)	de ...	[de]

| dentro de (~ dez minutos) | dentro de ... | ['dentro de] |
| por cima de ... | encima de ... | [en'θima de] |

5. Palavras funcionais. Advérbios. Parte 1

Onde?	¿Dónde?	['donde]
aqui	aquí (adv)	[a'ki]
lá, ali	allí (adv)	[a'ji]

| em algum lugar | en alguna parte | [en alʲ'guna 'parte] |
| em lugar nenhum | en ninguna parte | [en nin'guna 'parte] |

| ao pé de ... | junto a ... | ['χunto a] |
| ao pé da janela | junto a la ventana | ['χunto a lʲa ben'tana] |

Para onde?	¿Adónde?	[a'ðonde]
para cá	aquí (adv)	[a'ki]
para lá	allí (adv)	[a'ji]
daqui	de aquí (adv)	[de a'ki]
de lá, dali	de allí (adv)	[de a'ji]

| perto | cerca | ['θerka] |
| longe | lejos (adv) | ['leχos] |

perto de ...	cerca de ...	['θerka de]
ao lado de	al lado de ...	[alʲ 'lʲaðo de]
perto, não fica longe	no lejos (adv)	[no 'leχos]

esquerdo	izquierdo (adj)	[iθ'kjerðo]
à esquerda	a la izquierda	[a lʲa iθ'kjerða]
para esquerda	a la izquierda	[a lʲa iθ'kjerða]

direito	derecho (adj)	[de'retʃo]
à direita	a la derecha	[a lʲa de'retʃa]
para direita	a la derecha	[a lʲa de'retʃa]

à frente	delante	[de'lʲante]
da frente	delantero (adj)	[delʲan'tero]
em frente (para a frente)	adelante	[aðe'lʲante]

atrás de ...	detrás de ...	[de'tras de]
por detrás (vir ~)	desde atrás	['desðe a'tras]
para trás	atrás	[a'tras]

meio (m), metade (f)	centro (m), medio (m)	['θentro], ['meðio]
no meio	en medio (adv)	[en 'meðio]
de lado	de lado (adv)	[de 'lʲaðo]
em todo lugar	en todas partes	[en 'toðas 'partes]
ao redor (olhar ~)	alrededor (adv)	[alʲreðe'ðor]

de dentro	de dentro (adv)	[de 'dentro]
para algum lugar	a alguna parte	[a alʲ'guna 'parte]
diretamente	todo derecho (adv)	['toðo de'retʃo]
de volta	atrás	[a'tras]

| de algum lugar | de alguna parte | [de alʲˈguna ˈparte] |
| de um lugar | de alguna parte | [de alʲˈguna ˈparte] |

em primeiro lugar	primero (adv)	[priˈmero]
em segundo lugar	segundo (adv)	[seˈgundo]
em terceiro lugar	tercero (adv)	[terˈθero]

de repente	de súbito (adv)	[de ˈsuβito]
no início	al principio (adv)	[alʲ prinˈθipio]
pela primeira vez	por primera vez	[por priˈmera beθ]
muito antes de ...	mucho tiempo antes ...	[ˈmuʧo ˈtjempo ˈantes]
de novo, novamente	de nuevo (adv)	[de nuˈeβo]
para sempre	para siempre (adv)	[ˈpara ˈsjempre]

nunca	nunca (adv)	[ˈnuŋka]
de novo	de nuevo (adv)	[de nuˈeβo]
agora	ahora (adv)	[aˈora]
frequentemente	frecuentemente (adv)	[frekuenteˈmente]
então	entonces (adv)	[enˈtonθes]
urgentemente	urgentemente	[urχenteˈmente]
usualmente	usualmente (adv)	[usualʲˈmente]

a propósito, ...	a propósito, ...	[a proˈposito]
é possível	es probable	[es proˈβaβle]
provavelmente	probablemente	[proβaβleˈmente]
talvez	tal vez	[talʲ beθ]
além disso, ...	además ...	[aðeˈmas]
por isso ...	por eso ...	[por ˈeso]
apesar de ...	a pesar de ...	[a peˈsar de]
graças a ...	gracias a ...	[ˈgraθias a]

que (pron.)	qué	[ke]
que (conj.)	que	[ke]
algo	algo	[ˈalʲgo]
alguma coisa	algo	[ˈalʲgo]
nada	nada (f)	[ˈnaða]

quem	quien	[kjen]
alguém (~ teve uma ideia ...)	alguien	[ˈalʲgjen]
alguém	alguien	[ˈalʲgjen]

ninguém	nadie	[ˈnaðje]
para lugar nenhum	a ninguna parte	[a ninˈguna ˈparte]
de ninguém	de nadie	[de ˈnaðje]
de alguém	de alguien	[de ˈalʲgjen]

tão	tan, tanto (adv)	[tan], [ˈtanto]
também (gostaria ~ de ...)	también	[tamˈbjen]
também (~ eu)	también	[tamˈbjen]

6. Palavras funcionais. Advérbios. Parte 2

| Porquê? | ¿Por qué? | [por ˈke] |
| por alguma razão | por alguna razón | [por alʲˈguna raˈθon] |

porque ...	porque ...	['porke]
por qualquer razão	por cualquier razón (adv)	[por kualⁱ'kjer ra'θon]

e (tu ~ eu)	y	[i]
ou (ser ~ não ser)	o	[o]
mas (porém)	pero	['pero]
para (~ a minha mãe)	para	['para]

demasiado, muito	demasiado (adv)	[dema'sjaðo]
só, somente	sólo, solamente (adv)	['solⁱo], [solⁱa'mente]
exatamente	exactamente (adv)	[eksakta'mente]
cerca de (~ 10 kg)	cerca de ...	['θerka de]

aproximadamente	aproximadamente	[aproksimaða'mente]
aproximado	aproximado (adj)	[aproksi'maðo]
quase	casi (adv)	['kasi]
resto (m)	resto (m)	['resto]

o outro (segundo)	el otro (adj)	[elⁱ 'otro]
outro	otro (adj)	['otro]
cada	cada (adj)	['kaða]
qualquer	cualquier (adj)	[kualⁱ"kjer]
muito	mucho (adv)	['mutʃo]
muitas pessoas	mucha gente	['mutʃa 'xente]
todos	todos	['toðos]

em troca de ...	a cambio de ...	[a 'kambjo de]
em troca	en cambio (adv)	[en 'kambio]
à mão	a mano	[a 'mano]
pouco provável	poco probable	['poko pro'βaβle]

provavelmente	probablemente	[proβaβle'mente]
de propósito	a propósito (adv)	[a pro'posito]
por acidente	por accidente (adv)	[por akθi'ðente]

muito	muy (adv)	['muj]
por exemplo	por ejemplo (adv)	[por e'xemplⁱo]
entre	entre	['entre]
entre (no meio de)	entre	['entre]
tanto	tanto	['tanto]
especialmente	especialmente (adv)	[espeθjalⁱ'mente]

NÚMEROS. DIVERSOS

zero	cero	['θero]
um	uno	['uno]
dois	dos	[dos]
três	tres	[tres]
quatro	cuatro	[ku'atro]
cinco	cinco	['θiŋko]
seis	seis	['sejs]
sete	siete	['sjete]
oito	ocho	['otʃo]
nove	nueve	[nu'eβe]
dez	diez	[djeθ]
onze	once	['onθe]
doze	doce	['doθe]
treze	trece	['treθe]
catorze	catorce	[ka'torθe]
quinze	quince	['kinθe]
dezasseis	dieciséis	['djeθi·'sejs]
dezassete	diecisiete	['djeθi·'sjete]
dezoito	dieciocho	['djeθi·'otʃo]
dezanove	diecinueve	['djeθi·nu'eβe]
vinte	veinte	['bejnte]
vinte e um	veintiuno	['bejnti·'uno]
vinte e dois	veintidós	['bejnti·'dos]
vinte e três	veintitrés	['bejnti·'tres]
trinta	treinta	['trejnta]
trinta e um	treinta y uno	['trejnta i 'uno]
trinta e dois	treinta y dos	['trejnta i 'dos]
trinta e três	treinta y tres	['trejnta i 'tres]
quarenta	cuarenta	[kua'renta]
quarenta e um	cuarenta y uno	[kua'renta i 'uno]
quarenta e dois	cuarenta y dos	[kua'renta i 'dos]
quarenta e três	cuarenta y tres	[kua'renta i 'tres]
cinquenta	cincuenta	[θiŋku'enta]
cinquenta e um	cincuenta y uno	[θiŋku'enta i 'uno]
cinquenta e dois	cincuenta y dos	[θiŋku'enta i 'dos]
cinquenta e três	cincuenta y tres	[θiŋku'enta i 'tres]
sessenta	sesenta	[se'senta]
sessenta e um	sesenta y uno	[se'senta i 'uno]

sessenta e dois	sesenta y dos	[se'senta i 'dos]
sessenta e três	sesenta y tres	[se'senta i 'tres]
setenta	setenta	[se'tenta]
setenta e um	setenta y uno	[se'tenta i 'uno]
setenta e dois	setenta y dos	[se'tenta i 'dos]
setenta e três	setenta y tres	[se'tenta i 'tres]
oitenta	ochenta	[o'ʧenta]
oitenta e um	ochenta y uno	[o'ʧenta i 'uno]
oitenta e dois	ochenta y dos	[o'ʧenta i 'dos]
oitenta e três	ochenta y tres	[o'ʧenta i 'tres]
noventa	noventa	[no'βenta]
noventa e um	noventa y uno	[no'βenta i 'uno]
noventa e dois	noventa y dos	[no'βenta i 'dos]
noventa e três	noventa y tres	[no'βenta i 'tres]

8. Números cardinais. Parte 2

cem	cien	[θjen]
duzentos	doscientos	[doθ·'θjentos]
trezentos	trescientos	[treθ·'θjentos]
quatrocentos	cuatrocientos	[ku'atro·'θjentos]
quinhentos	quinientos	[ki'njentos]
seiscentos	seiscientos	[sejs·'θjentos]
setecentos	setecientos	[θete·'θjentos]
oitocentos	ochocientos	[oʧo·'θjentos]
novecentos	novecientos	[noβe·'θjentos]
mil	mil	[milʲ]
dois mil	dos mil	[dos 'milʲ]
três mil	tres mil	[tres 'milʲ]
dez mil	diez mil	[djeθ 'milʲ]
cem mil	cien mil	[θjen 'milʲ]
um milhão	millón (m)	[mi'jon]
mil milhões	mil millones	[milʲ mi'jones]

9. Números ordinais

primeiro	primero (adj)	[pri'mero]
segundo	segundo (adj)	[se'gundo]
terceiro	tercero (adj)	[ter'θero]
quarto	cuarto (adj)	[ku'arto]
quinto	quinto (adj)	['kinto]
sexto	sexto (adj)	['seksto]
sétimo	séptimo (adj)	['septimo]
oitavo	octavo (adj)	[ok'taβo]
nono	noveno (adj)	[no'βeno]
décimo	décimo (adj)	['deθimo]

CORES. UNIDADES DE MEDIDA

10. Cores

cor (f)	**color** (m)	[ko'lʲor]
matiz (m)	**matiz** (m)	[ma'tiθ]
tom (m)	**tono** (m)	['tono]
arco-íris (m)	**arco** (m) **iris**	['arko 'iris]
branco	**blanco** (adj)	['blʲaŋko]
preto	**negro** (adj)	['neɣro]
cinzento	**gris** (adj)	['gris]
verde	**verde** (adj)	['berðe]
amarelo	**amarillo** (adj)	[ama'rijo]
vermelho	**rojo** (adj)	['roχo]
azul	**azul** (adj)	[a'θulʲ]
azul claro	**azul claro** (adj)	[a'θulʲ 'klʲaro]
rosa	**rosa** (adj)	['rosa]
laranja	**naranja** (adj)	[na'ranχa]
violeta	**violeta** (adj)	[bio'leta]
castanho	**marrón** (adj)	[ma'ron]
dourado	**dorado** (adj)	[do'raðo]
prateado	**argentado** (adj)	[arχen'taðo]
bege	**beige** (adj)	['bejʒ]
creme	**crema** (adj)	['krema]
turquesa	**turquesa** (adj)	[tur'kesa]
vermelho cereja	**rojo cereza** (adj)	['roχo θe're θa]
lilás	**lila** (adj)	['lilʲa]
carmesim	**carmesí** (adj)	[karme'si]
claro	**claro** (adj)	['klʲaro]
escuro	**oscuro** (adj)	[os'kuro]
vivo	**vivo** (adj)	['biβo]
de cor	**de color** (adj)	[de ko'lʲor]
a cores	**en colores** (adj)	[en ko'lʲores]
preto e branco	**blanco y negro** (adj)	['blʲaŋko i 'neɣro]
unicolor	**unicolor** (adj)	[uniko'lʲor]
multicor	**multicolor** (adj)	[mulʲtiko'lʲor]

11. Unidades de medida

peso (m)	**peso** (m)	['peso]
comprimento (m)	**longitud** (f)	[lʲonχi'tuð]

18

largura (f)	anchura (f)	[an'tʃura]
altura (f)	altura (f)	[alˈtura]
profundidade (f)	profundidad (f)	[profundi'ðað]
volume (m)	volumen (m)	[bo'ljumen]
área (f)	área (f)	['area]

grama (m)	gramo (m)	['gramo]
miligrama (m)	miligramo (m)	[mili'ɣramo]
quilograma (m)	kilogramo (m)	[kilo'ɣramo]
tonelada (f)	tonelada (f)	[tone'ljaða]
libra (453,6 gramas)	libra (f)	['liβra]
onça (f)	onza (f)	['onθa]

metro (m)	metro (m)	['metro]
milímetro (m)	milímetro (m)	[mi'limetro]
centímetro (m)	centímetro (m)	[θen'timetro]
quilómetro (m)	kilómetro (m)	[ki'ljometro]
milha (f)	milla (f)	['mija]

polegada (f)	pulgada (f)	[pulˈgaða]
pé (304,74 mm)	pie (m)	[pje]
jarda (914,383 mm)	yarda (f)	['jarða]

| metro (m) quadrado | metro (m) cuadrado | ['metro kua'ðraðo] |
| hectare (m) | hectárea (f) | [ek'tarea] |

litro (m)	litro (m)	['litro]
grau (m)	grado (m)	['graðo]
volt (m)	voltio (m)	['boltio]
ampere (m)	amperio (m)	[am'perio]
cavalo-vapor (m)	caballo (m) de fuerza	[ka'βajo de fu'erθa]

quantidade (f)	cantidad (f)	[kanti'ðað]
um pouco de ...	un poco de ...	[un 'poko de]
metade (f)	mitad (f)	[mi'tað]
dúzia (f)	docena (f)	[do'θena]
peça (f)	pieza (f)	['pjeθa]

| dimensão (f) | dimensión (f) | [dimen'sjon] |
| escala (f) | escala (f) | [es'kalja] |

mínimo	mínimo (adj)	['minimo]
menor, mais pequeno	el más pequeño (adj)	[elj mas pe'kenjo]
médio	medio (adj)	['meðio]
máximo	máximo (adj)	['maksimo]
maior, mais grande	el más grande (adj)	[elj 'mas 'grande]

12. Recipientes

boião (m) de vidro	tarro (m) de vidrio	['taro de 'biðrio]
lata (~ de cerveja)	lata (f)	['ljata]
balde (m)	cubo (m)	['kuβo]
barril (m)	barril (m)	[ba'rilj]
bacia (~ de plástico)	palangana (f)	[paljan'gana]

tanque (m)	**tanque** (m)	['taŋke]
cantil (m) de bolso	**petaca** (f)	[pe'taka]
bidão (m) de gasolina	**bidón** (m) **de gasolina**	[bi'ðon de gaso'lina]
cisterna (f)	**cisterna** (f)	[θis'terna]
caneca (f)	**taza** (f)	['taθa]
chávena (f)	**taza** (f)	['taθa]
pires (m)	**platillo** (m)	[plʲa'tijo]
copo (m)	**vaso** (m)	['baso]
taça (f) de vinho	**copa** (f) **de vino**	['kopa de 'bino]
panela, caçarola (f)	**olla** (f)	['oja]
garrafa (f)	**botella** (f)	[bo'teja]
gargalo (m)	**cuello** (m) **de botella**	[ku'ejo de bo'teja]
jarro, garrafa (f)	**garrafa** (f)	[ga'rafa]
jarro (m) de barro	**jarro** (m)	['χaro]
recipiente (m)	**recipiente** (m)	[reθi'pjente]
pote (m)	**tarro** (m)	['taro]
vaso (m)	**florero** (m)	[flʲo'rero]
frasco (~ de perfume)	**frasco** (m)	['frasko]
frasquinho (ex. ~ de iodo)	**frasquito** (m)	[fras'kito]
tubo (~ de pasta dentífrica)	**tubo** (m)	['tuβo]
saca (ex. ~ de açúcar)	**saco** (m)	['sako]
saco (~ de plástico)	**bolsa** (f)	['bolʲsa]
maço (m)	**paquete** (m)	[pa'kete]
caixa (~ de sapatos, etc.)	**caja** (f)	['kaχa]
caixa (~ de madeira)	**cajón** (m)	[ka'χon]
cesta (f)	**cesta** (f)	['θesta]

VERBOS PRINCIPAIS

13. Os verbos mais importantes. Parte 1

abrir (vt)	**abrir** (vt)	[a'βrir]
acabar, terminar (vt)	**acabar, terminar** (vt)	[aka'βar], [termi'nar]
aconselhar (vt)	**aconsejar** (vt)	[akonse'xar]
adivinhar (vt)	**adivinar** (vt)	[aðiβi'nar]
advertir (vt)	**advertir** (vt)	[aðβer'tir]
ajudar (vt)	**ayudar** (vt)	[aju'ðar]
almoçar (vi)	**almorzar** (vi)	[alˡmor'θar]
alugar (~ um apartamento)	**alquilar** (vt)	[alˡkiˡlˡar]
amar (vt)	**querer, amar** (vt)	[ke'rer], [a'mar]
ameaçar (vt)	**amenazar** (vt)	[amena'θar]
anotar (escrever)	**tomar nota**	[to'mar 'nota]
apanhar (vt)	**coger** (vt)	[ko'xer]
apressar-se (vr)	**tener prisa**	[te'ner 'prisa]
arrepender-se (vr)	**arrepentirse** (vr)	[arepen'tirse]
assinar (vt)	**firmar** (vt)	[fir'mar]
atirar, disparar (vi)	**tirar, disparar** (vi)	[ti'rar], [dispa'rar]
brincar (vi)	**bromear** (vi)	[brome'ar]
brincar, jogar (crianças)	**jugar** (vi)	[xu'gar]
buscar (vt)	**buscar** (vt)	[bus'kar]
caçar (vi)	**cazar** (vi, vt)	[ka'θar]
cair (vi)	**caer** (vi)	[ka'er]
cavar (vt)	**cavar** (vt)	[ka'βar]
cessar (vt)	**cesar** (vt)	[θe'sar]
chamar (~ por socorro)	**llamar** (vt)	[ja'mar]
chegar (vi)	**llegar** (vi)	[je'gar]
chorar (vi)	**llorar** (vi)	[jo'rar]
começar (vt)	**comenzar** (vi, vt)	[komen'θar]
comparar (vt)	**comparar** (vt)	[kompa'rar]
compreender (vt)	**comprender** (vt)	[kompren'der]
concordar (vi)	**estar de acuerdo**	[es'tar de aku'erðo]
confiar (vt)	**confiar** (vt)	[koɱ'fjar]
confundir (equivocar-se)	**confundir** (vt)	[koɱfun'dir]
conhecer (vt)	**conocer** (vt)	[kono'θer]
contar (fazer contas)	**contar** (vt)	[kon'tar]
contar com (esperar)	**contar con ...**	[kon'tar kon]
continuar (vt)	**continuar** (vt)	[kontinu'ar]
convidar (vt)	**invitar** (vt)	[imbi'tar]
correr (vi)	**correr** (vi)	[ko'rer]
criar (vt)	**crear** (vt)	[kre'ar]
custar (vt)	**costar** (vt)	[kos'tar]

14. Os verbos mais importantes. Parte 2

dar (vt)	dar (vt)	[dar]
dar uma dica	dar una pista	[dar 'una 'pista]
decorar (enfeitar)	decorar (vt)	[deko'rar]
defender (vt)	defender (vt)	[defen'der]
deixar cair (vt)	dejar caer	[de'χar ka'er]
descer (para baixo)	descender (vi)	[deθen'der]
desculpar (vt)	disculpar (vt)	[diskulʲ'par]
dirigir (~ uma empresa)	dirigir (vt)	[diri'χir]
discutir (notícias, etc.)	discutir (vt)	[disku'tir]
dizer (vt)	decir (vt)	[de'θir]
duvidar (vt)	dudar (vt)	[du'ðar]
encontrar (achar)	encontrar (vt)	[eŋkon'trar]
enganar (vt)	engañar (vi, vt)	[enga'njar]
entrar (na sala, etc.)	entrar (vi)	[en'trar]
enviar (uma carta)	enviar (vt)	[em'bjar]
errar (equivocar-se)	equivocarse (vr)	[ekiβo'karse]
escolher (vt)	escoger (vt)	[esko'χer]
esconder (vt)	esconder (vt)	[eskon'der]
escrever (vt)	escribir (vt)	[eskri'βir]
esperar (o autocarro, etc.)	esperar (vt)	[espe'rar]
esperar (ter esperança)	esperar (vi)	[espe'rar]
esquecer (vt)	olvidar (vt)	[olʲβi'ðar]
estar (vi)	estar (vi)	[es'tar]
estudar (vt)	estudiar (vt)	[estu'ðjar]
exigir (vt)	exigir (vt)	[eksi'χir]
existir (vi)	existir (vi)	[eksis'tir]
explicar (vt)	explicar (vt)	[ekspli'kar]
falar (vi)	hablar (vi, vt)	[a'βlʲar]
faltar (clases, etc.)	faltar a ...	[falʲ'tar a]
fazer (vt)	hacer (vt)	[a'θer]
ficar em silêncio	callarse (vr)	[ka'jarse]
gabar-se, jactar-se (vr)	jactarse, alabarse (vr)	[χas'tarse], [alʲa'βarse]
gostar (apreciar)	gustar (vi)	[gus'tar]
gritar (vi)	gritar (vi)	[gri'tar]
guardar (cartas, etc.)	guardar (vt)	[guar'ðar]
informar (vt)	informar (vt)	[imfor'mar]
insistir (vi)	insistir (vi)	[insis'tir]
insultar (vt)	insultar (vt)	[insulʲ'tar]
interessar-se (vr)	interesarse (vr)	[intere'sarse]
ir (a pé)	ir (vi)	[ir]
ir nadar	bañarse (vr)	[ba'njarse]
jantar (vi)	cenar (vi)	[θe'nar]

15. Os verbos mais importantes. Parte 3

ler (vt)	leer (vi, vt)	[le'er]
libertar (cidade, etc.)	liberar (vt)	[liβe'rar]
matar (vt)	matar (vt)	[ma'tar]
mencionar (vt)	mencionar (vt)	[menθjo'nar]
mostrar (vt)	mostrar (vt)	[mos'trar]
mudar (modificar)	cambiar (vt)	[kam'bjar]
nadar (vi)	nadar (vi)	[na'ðar]
negar-se a ...	negarse (vr)	[ne'garse]
objetar (vt)	objetar (vt)	[oβxe'tar]
observar (vt)	observar (vt)	[oβser'βar]
ordenar (mil.)	ordenar (vt)	[orðe'nar]
ouvir (vt)	oír (vt)	[o'ir]
pagar (vt)	pagar (vi, vt)	[pa'gar]
parar (vi)	pararse (vr)	[pa'rarse]
participar (vi)	participar (vi)	[partiθi'par]
pedir (comida)	pedir (vt)	[pe'ðir]
pedir (um favor, etc.)	pedir (vt)	[pe'ðir]
pegar (tomar)	tomar (vt)	[to'mar]
pensar (vt)	pensar (vi, vt)	[pen'sar]
perceber (ver)	percibir (vt)	[perθi'βir]
perdoar (vt)	perdonar (vt)	[perðo'nar]
perguntar (vt)	preguntar (vt)	[pregun'tar]
permitir (vt)	permitir (vt)	[permi'tir]
pertencer a ...	pertenecer a ...	[pertene'θer a]
planear (vt)	planear (vt)	[plʲane'ar]
poder (vi)	poder (v aux)	[po'ðer]
possuir (vt)	poseer (vt)	[pose'er]
preferir (vt)	preferir (vt)	[prefe'rir]
preparar (vt)	preparar (vt)	[prepa'rar]
prever (vt)	prever (vt)	[pre'βer]
prometer (vt)	prometer (vt)	[prome'ter]
pronunciar (vt)	pronunciar (vt)	[pronun'θjar]
propor (vt)	proponer (vt)	[propo'ner]
punir (castigar)	punir, castigar (vt)	[pu'nir], [kasti'gar]

16. Os verbos mais importantes. Parte 4

quebrar (vt)	quebrar (vt)	[ke'βrar]
queixar-se (vr)	quejarse (vr)	[ke'xarse]
querer (desejar)	querer (vt)	[ke'rer]
recomendar (vt)	recomendar (vt)	[rekomen'dar]
repetir (dizer outra vez)	repetir (vt)	[repe'tir]
repreender (vt)	regañar, reprender (vt)	[rega'njar], [repren'der]
reservar (~ um quarto)	reservar (vt)	[reser'βar]

responder (vt)	responder (vi, vt)	[respon'der]
rezar, orar (vi)	orar (vi)	[o'rar]
rir (vi)	reírse (vr)	[re'irse]

saber (vt)	saber (vt)	[sa'βer]
sair (~ de casa)	salir (vi)	[sa'lir]
salvar (vt)	salvar (vt)	[saɫ'βar]
seguir …	seguir …	[se'gir]

sentar-se (vr)	sentarse (vr)	[sen'tarse]
ser (vi)	ser (vi)	[ser]
ser necessário	ser necesario	[ser neθe'sario]
ser, estar	ser, estar (vi)	[ser], [es'tar]
significar (vt)	significar (vt)	[siɣnifi'kar]

sorrir (vi)	sonreír (vi)	[sonre'ir]
subestimar (vt)	subestimar (vt)	[suβesti'mar]
surpreender-se (vr)	sorprenderse (vr)	[sorpren'derse]
tentar (vt)	probar, tentar (vt)	[pro'βar], [ten'tar]

ter (vt)	tener (vt)	[te'ner]
ter fome	tener hambre	[te'ner 'ambre]
ter medo	tener miedo	[te'ner 'mjeðo]
ter sede	tener sed	[te'ner 'seð]

tocar (com as mãos)	tocar (vt)	[to'kar]
tomar o pequeno-almoço	desayunar (vi)	[desaju'nar]
trabalhar (vi)	trabajar (vi)	[traβa'xar]
traduzir (vt)	traducir (vt)	[traðu'θir]
unir (vt)	unir (vt)	[u'nir]

vender (vt)	vender (vt)	[ben'der]
ver (vt)	ver (vt)	[ber]
virar (ex. ~ à direita)	girar (vi)	[xi'rar]
voar (vi)	volar (vi)	[bo'ɫar]

TEMPO. CALENDÁRIO

17. Dias da semana

segunda-feira (f)	**lunes** (m)	['ʎunes]
terça-feira (f)	**martes** (m)	['martes]
quarta-feira (f)	**miércoles** (m)	['mjerkoles]
quinta-feira (f)	**jueves** (m)	[χu'eβes]
sexta-feira (f)	**viernes** (m)	['bjernes]
sábado (m)	**sábado** (m)	['saβaðo]
domingo (m)	**domingo** (m)	[do'mingo]
hoje	**hoy** (adv)	[oj]
amanhã	**mañana** (adv)	[ma'njana]
depois de amanhã	**pasado mañana**	[pa'saðo ma'njana]
ontem	**ayer** (adv)	[a'jer]
anteontem	**anteayer** (adv)	[ante·a'jer]
dia (m)	**día** (m)	['dia]
dia (m) de trabalho	**día** (m) **de trabajo**	['dia de tra'βaχo]
feriado (m)	**día** (m) **de fiesta**	['dia de 'fjesta]
dia (m) de folga	**día** (m) **de descanso**	['dia de des'kanso]
fim (m) de semana	**fin** (m) **de semana**	['fin de se'mana]
o dia todo	**todo el día**	['toðo eʎ 'dia]
no dia seguinte	**al día siguiente**	[aʎ 'dia si'gjente]
há dois dias	**dos días atrás**	[dos 'dias a'tras]
na véspera	**en vísperas** (adv)	[en 'bisperas]
diário	**diario** (adj)	['djario]
todos os dias	**cada día** (adv)	['kaða 'dia]
semana (f)	**semana** (f)	[se'mana]
na semana passada	**semana** (f) **pasada**	[se'mana pa'saða]
na próxima semana	**semana** (f) **que viene**	[se'mana ke 'bjene]
semanal	**semanal** (adj)	[sema'naʎ]
cada semana	**cada semana** (adv)	['kaða se'mana]
duas vezes por semana	**dos veces por semana**	[dos 'beθes por se'mana]
cada terça-feira	**todos los martes**	['toðos los 'martes]

18. Horas. Dia e noite

manhã (f)	**mañana** (f)	[ma'njana]
de manhã	**por la mañana**	[por ʎa ma'njana]
meio-dia (m)	**mediodía** (m)	['meðjo'ðia]
à tarde	**por la tarde**	[por ʎa 'tarðe]
noite (f)	**noche** (f)	['notʃe]
à noite (noitinha)	**por la noche**	[por ʎa 'notʃe]

noite (f)	noche (f)	['notʃe]
à noite	por la noche	[por lʲa 'notʃe]
meia-noite (f)	medianoche (f)	['meðia'notʃe]
segundo (m)	segundo (m)	[se'gundo]
minuto (m)	minuto (m)	[mi'nuto]
hora (f)	hora (f)	['ora]
meia hora (f)	media hora (f)	['meðia 'ora]
quarto (m) de hora	cuarto (m) de hora	[ku'arto de 'ora]
quinze minutos	quince minutos	['kinθe mi'nutos]
vinte e quatro horas	veinticuatro horas	['bejti·ku'atro 'oras]
nascer (m) do sol	salida (f) del sol	[sa'liða delʲ 'solʲ]
amanhecer (m)	amanecer (m)	[amane'θer]
madrugada (f)	madrugada (f)	[maðru'gaða]
pôr do sol (m)	puesta (f) del sol	[pu'esta delʲ 'solʲ]
de madrugada	de madrugada	[de maðru'gaða]
hoje de manhã	esta mañana	['esta ma'njana]
amanhã de manhã	mañana por la mañana	[ma'njana por lʲa ma'njana]
hoje à tarde	esta tarde	['esta 'tarðe]
à tarde	por la tarde	[por lʲa 'tarðe]
amanhã à tarde	mañana por la tarde	[ma'njana por lʲa 'tarðe]
hoje à noite	esta noche	['esta 'notʃe]
amanhã à noite	mañana por la noche	[ma'njana por lʲa 'notʃe]
às três horas em ponto	a las tres en punto	[a lʲas 'tres en 'punto]
por volta das quatro	a eso de las cuatro	[a 'eso de lʲas ku'atro]
às doze	para las doce	['para lʲas 'doθe]
dentro de vinte minutos	dentro de veinte minutos	['dentro de 'bejnte mi'nutos]
dentro duma hora	dentro de una hora	['dentro de 'una 'ora]
a tempo	a tiempo (adv)	[a 'tjempo]
menos um quarto	… menos cuarto	['menos ku'arto]
durante uma hora	durante una hora	[du'rante 'una 'ora]
a cada quinze minutos	cada quince minutos	['kaða 'kinθe mi'nutos]
as vinte e quatro horas	día y noche	['dia i 'notʃe]

19. Meses. Estações

janeiro (m)	enero (m)	[e'nero]
fevereiro (m)	febrero (m)	[fe'βrero]
março (m)	marzo (m)	['marθo]
abril (m)	abril (m)	[a'βrilʲ]
maio (m)	mayo (m)	['majo]
junho (m)	junio (m)	['χunio]
julho (m)	julio (m)	['χulio]
agosto (m)	agosto (m)	[a'gosto]
setembro (m)	septiembre (m)	[sep'tjembre]
outubro (m)	octubre (m)	[ok'tuβre]

| novembro (m) | noviembre (m) | [no'βjembre] |
| dezembro (m) | diciembre (m) | [di'θjembre] |

primavera (f)	primavera (f)	[prima'βera]
na primavera	en primavera	[en prima'βera]
primaveril	de primavera (adj)	[de prima'βera]

verão (m)	verano (m)	[be'rano]
no verão	en verano	[em be'rano]
de verão	de verano (adj)	[de be'rano]

outono (m)	otoño (m)	[o'tonjo]
no outono	en otoño	[en o'tonjo]
outonal	de otoño (adj)	[de o'tonjo]

inverno (m)	invierno (m)	[im'bjerno]
no inverno	en invierno	[en im'bjerno]
de inverno	de invierno (adj)	[de im'bjerno]

mês (m)	mes (m)	[mes]
este mês	este mes	['este 'mes]
no próximo mês	al mes siguiente	[alʲ 'mes si'gjente]
no mês passado	el mes pasado	[elʲ 'mes pa'saðo]

há um mês	hace un mes	['aθe un 'mes]
dentro de um mês	dentro de un mes	['dentro de un mes]
dentro de dois meses	dentro de dos meses	['dentro de dos 'meses]
todo o mês	todo el mes	['toðo elʲ 'mes]
um mês inteiro	todo un mes	['toðo un 'mes]

mensal	mensual (adj)	[mensu'alʲ]
mensalmente	mensualmente (adv)	[mensualʲ'mente]
cada mês	cada mes	['kaða 'mes]
duas vezes por mês	dos veces por mes	[dos 'beθes por 'mes]

ano (m)	año (m)	['anjo]
este ano	este año	['este 'anjo]
no próximo ano	el próximo año	[elʲ 'proksimo 'anjo]
no ano passado	el año pasado	[elʲ 'anjo pa'saðo]

há um ano	hace un año	['aθe un 'anjo]
dentro dum ano	dentro de un año	['dentro de un 'anjo]
dentro de 2 anos	dentro de dos años	['dentro de dos 'anjos]
todo o ano	todo el año	['toðo elʲ 'anjo]
um ano inteiro	todo un año	['toðo un 'anjo]

cada ano	cada año	['kaða 'anjo]
anual	anual (adj)	[anu'alʲ]
anualmente	anualmente (adv)	[anualʲ'mente]
quatro vezes por ano	cuatro veces por año	[ku'atro 'beθes por 'anjo]

data (~ de hoje)	fecha (f)	['fetʃa]
data (ex. ~ de nascimento)	fecha (f)	['fetʃa]
calendário (m)	calendario (m)	[kalen'dario]
meio ano	medio año (m)	['meðjo 'anjo]
seis meses	seis meses	['sejs 'meses]

| estação (f) | estación (f) | [esta'θjon] |
| século (m) | siglo (m) | ['siɣlʲo] |

VIAGENS. HOTEL

20. Viagens

turismo (m)	**turismo** (m)	[tu'rismo]
turista (m)	**turista** (m)	[tu'rista]
viagem (f)	**viaje** (m)	['bjaxe]
aventura (f)	**aventura** (f)	[aβen'tura]
viagem (f)	**viaje** (m)	['bjaxe]
férias (f pl)	**vacaciones** (f pl)	[baka'θjones]
estar de férias	**estar de vacaciones**	[es'tar de baka'θjones]
descanso (m)	**descanso** (m)	[des'kanso]
comboio (m)	**tren** (m)	['tren]
de comboio (chegar ~)	**en tren**	[en 'tren]
avião (m)	**avión** (m)	[a'βjon]
de avião	**en avión**	[en a'βjon]
de carro	**en coche**	[en 'kotʃe]
de navio	**en barco**	[en 'barko]
bagagem (f)	**equipaje** (m)	[eki'paxe]
mala (f)	**maleta** (f)	[ma'leta]
carrinho (m)	**carrito** (m) **de equipaje**	[ka'rito de eki'paxe]
passaporte (m)	**pasaporte** (m)	[pasa'porte]
visto (m)	**visado** (m)	[bi'saðo]
bilhete (m)	**billete** (m)	[bi'jete]
bilhete (m) de avião	**billete** (m) **de avión**	[bi'jete de a'βjon]
guia (m) de viagem	**guía** (f)	['gia]
mapa (m)	**mapa** (m)	['mapa]
local (m), area (f)	**área** (f)	['area]
lugar, sítio (m)	**lugar** (m)	[lʲu'gar]
exotismo (m)	**exotismo** (m)	[ekso'tismo]
exótico	**exótico** (adj)	[e'ksotiko]
surpreendente	**asombroso** (adj)	[asom'broso]
grupo (m)	**grupo** (m)	['grupo]
excursão (f)	**excursión** (f)	[eskur'θjon]
guia (m)	**guía** (m)	['gia]

21. Hotel

hotel (m)	**hotel** (m)	[o'telʲ]
motel (m)	**motel** (m)	[mo'telʲ]
três estrelas	**de tres estrellas**	[de 'tres es'trejas]

| cinco estrelas | de cinco estrellas | [de 'θiŋko es'trejas] |
| ficar (~ num hotel) | hospedarse (vr) | [ospe'ðarse] |

quarto (m)	habitación (f)	[aβita'θjon]
quarto (m) individual	habitación (f) individual	[aβita'θjon indiβiðu'alʲ]
quarto (m) duplo	habitación (f) doble	[aβita'θjon 'doβle]
reservar um quarto	reservar una habitación	[reser'βar 'una aβita'θjon]

| meia pensão (f) | media pensión (f) | ['meðia pen'θjon] |
| pensão (f) completa | pensión (f) completa | [pen'θjon kom'pleta] |

com banheira	con baño	[kon 'banjo]
com duche	con ducha	[kon 'dutʃa]
televisão (m) satélite	televisión (f) satélite	[teleβi'θjon sa'telite]
ar (m) condicionado	climatizador (m)	[klimatiθa'ðor]
toalha (f)	toalla (f)	[to'aja]
chave (f)	llave (f)	['jaβe]

administrador (m)	administrador (m)	[aðministra'ðor]
camareira (f)	camarera (f)	[kama'rera]
bagageiro (m)	maletero (m)	[male'tero]
porteiro (m)	portero (m)	[por'tero]

restaurante (m)	restaurante (m)	[restau'rante]
bar (m)	bar (m)	[bar]
pequeno-almoço (m)	desayuno (m)	[desa'juno]
jantar (m)	cena (f)	['θena]
buffet (m)	buffet (m) libre	[bu'fet 'liβre]

| hall (m) de entrada | vestíbulo (m) | [bes'tiβulʲo] |
| elevador (m) | ascensor (m) | [aθen'sor] |

| NÃO PERTURBE | NO MOLESTAR | [no moles'tar] |
| PROIBIDO FUMAR! | PROHIBIDO FUMAR | [proi'βiðo fu'mar] |

22. Turismo

monumento (m)	monumento (m)	[monu'mento]
fortaleza (f)	fortaleza (f)	[forta'leθa]
palácio (m)	palacio (m)	[pa'lʲaθio]
castelo (m)	castillo (m)	[kas'tijo]
torre (f)	torre (f)	['tore]
mausoléu (m)	mausoleo (m)	[mauso'leo]

arquitetura (f)	arquitectura (f)	[arkitek'tura]
medieval	medieval (adj)	[meðje'βalʲ]
antigo	antiguo (adj)	[an'tiguo]
nacional	nacional (adj)	[naθjo'nalʲ]
conhecido	conocido (adj)	[kono'θiðo]

turista (m)	turista (m)	[tu'rista]
guia (pessoa)	guía (m)	['gia]
excursão (f)	excursión (f)	[eskur'θjon]
mostrar (vt)	mostrar (vt)	[mos'trar]

contar (vt)   contar (vt)   [kon'tar]
encontrar (vt)   encontrar (vt)   [eŋkon'trar]
perder-se (vr)   perderse (vr)   [per'ðerse]
mapa (~ do metrô)   plano (m), mapa (m)   ['plʲano], ['mapa]
mapa (~ da cidade)   mapa (m)   ['mapa]

lembrança (f), presente (m)   recuerdo (m)   [reku'erðo]
loja (f) de presentes   tienda (f) de regalos   ['tjenda de re'galʲos]
fotografar (vt)   hacer fotos   [a'θer 'fotos]
fotografar-se   fotografiarse (vr)   [fotoɣra'fjarse]

TRANSPORTES

aeroporto (m)	**aeropuerto** (m)	[aeropu'erto]
avião (m)	**avión** (m)	[a'βjon]
companhia (f) aérea	**compañía** (f) **aérea**	[kompa'njia a'erea]
controlador (m) de tráfego aéreo	**controlador** (m) **aéreo**	[kontrolʲa'ðor a'ereo]

partida (f)	**despegue** (m)	[des'pege]
chegada (f)	**llegada** (f)	[ʝe'gaða]
chegar (~ de avião)	**llegar** (vi)	[ʝe'gar]

hora (f) de partida	**hora** (f) **de salida**	['ora de sa'liða]
hora (f) de chegada	**hora** (f) **de llegada**	['ora de ʝe'gaða]

estar atrasado	**retrasarse** (vr)	[retra'sarse]
atraso (m) de voo	**retraso** (m) **de vuelo**	[re'traso de bu'elʲo]

painel (m) de informação	**pantalla** (f) **de información**	[pan'taja de iɲforma'θjon]
informação (f)	**información** (f)	[iɲforma'θjon]
anunciar (vt)	**anunciar** (vt)	[anun'θjar]
voo (m)	**vuelo** (m)	[bu'elʲo]

alfândega (f)	**aduana** (f)	[aðu'ana]
funcionário (m) da alfândega	**aduanero** (m)	[aðua'nero]

declaração (f) alfandegária	**declaración** (f) **de aduana**	[deklʲara'θjon de aðu'ana]
preencher (vt)	**rellenar** (vt)	[reje'nar]
preencher a declaração	**rellenar la declaración**	[reje'nar lʲa deklʲara'θjon]
controlo (m) de passaportes	**control** (m) **de pasaportes**	[kon'trolʲ de pasa'portes]

bagagem (f)	**equipaje** (m)	[eki'paχe]
bagagem (f) de mão	**equipaje** (m) **de mano**	[eki'paχe de 'mano]
carrinho (m)	**carrito** (m) **de equipaje**	[ka'rito de eki'paχe]

aterragem (f)	**aterrizaje** (m)	[ateri'θaχe]
pista (f) de aterragem	**pista** (f) **de aterrizaje**	['pista de ateri'θaχe]
aterrar (vi)	**aterrizar** (vi)	[ateri'θar]
escada (f) de avião	**escaleras** (f pl)	[eska'leras]

check-in (m)	**facturación** (f), **check-in** (m)	[faktura'θjon], [tʃek·'in]
balcão (m) do check-in	**mostrador** (m) **de facturación**	[mostra'ðor de faktura'θjon]

fazer o check-in	**hacer el check-in**	[a'θer elʲ tʃek·'in]
cartão (m) de embarque	**tarjeta** (f) **de embarque**	[tar'χeta de em'barke]
porta (f) de embarque	**puerta** (f) **de embarque**	[pu'erta de em'barke]
trânsito (m)	**tránsito** (m)	['transito]
esperar (vi, vt)	**esperar** (vt)	[espe'rar]

sala (f) de espera	zona (f) de preembarque	['θona de preem'barke]
despedir-se de ...	despedir (vt)	[despe'ðir]
despedir-se (vr)	despedirse (vr)	[despe'ðirse]

24. Avião

avião (m)	avión (m)	[a'βjon]
bilhete (m) de avião	billete (m) de avión	[bi'jete de a'βjon]
companhia (f) aérea	compañía (f) aérea	[kompa'njia a'erea]
aeroporto (m)	aeropuerto (m)	[aeropu'erto]
supersónico	supersónico (adj)	[super'soniko]

comandante (m) do avião	comandante (m)	[koman'dante]
tripulação (f)	tripulación (f)	[tripulʲa'θjon]
piloto (m)	piloto (m)	[pi'lʲoto]
hospedeira (f) de bordo	azafata (f)	[aθa'fata]
copiloto (m)	navegador (m)	[naβega'ðor]

asas (f pl)	alas (f pl)	['alʲas]
cauda (f)	cola (f)	['kolʲa]
cabine (f) de pilotagem	cabina (f)	[ka'βina]
motor (m)	motor (m)	[mo'tor]

| trem (m) de aterragem | tren (m) de aterrizaje | ['tren de ateri'θaχe] |
| turbina (f) | turbina (f) | [tur'βina] |

| hélice (f) | hélice (f) | ['eliθe] |
| caixa-preta (f) | caja (f) negra | ['kaχa 'neɣra] |

| coluna (f) de controlo | timón (m) | [ti'mon] |
| combustível (m) | combustible (m) | [kombus'tiβle] |

instruções (f pl) de segurança	instructivo (m) de seguridad	[instruk'tiβo de seguri'ðað]
máscara (f) de oxigénio	respirador (m) de oxígeno	[respira'ðor de o'ksiχeno]
uniforme (m)	uniforme (m)	[uni'forme]

| colete (m) salva-vidas | chaleco (m) salvavidas | [tʃa'leko salʲ'βa'βiðas] |
| paraquedas (m) | paracaídas (m) | [paraka'iðas] |

descolagem (f)	despegue (m)	[des'pege]
descolar (vi)	despegar (vi)	[despe'gar]
pista (f) de descolagem	pista (f) de despegue	['pista de des'pege]

| visibilidade (f) | visibilidad (f) | [bisiβili'ðað] |
| voo (m) | vuelo (m) | [bu'elʲo] |

| altura (f) | altura (f) | [alʲ'tura] |
| poço (m) de ar | pozo (m) de aire | ['poθo de 'aire] |

assento (m)	asiento (m)	[a'sjento]
auscultadores (m pl)	auriculares (m pl)	[auriku'lʲares]
mesa (f) rebatível	mesita (f) plegable	[me'sita ple'gaβle]
vigia (f)	ventana (f)	[ben'tana]
passagem (f)	pasillo (m)	[pa'sijo]

25. Comboio

comboio (m)	tren (m)	['tren]
comboio (m) suburbano	tren (m) de cercanías	['tren de θerka'nias]
comboio (m) rápido	tren (m) rápido	['tren 'rapiðo]
locomotiva (f) diesel	locomotora (f) diésel	[lʲokomo'tora 'djeselʲ]
locomotiva (f) a vapor	tren (m) de vapor	['tren de ba'por]
carruagem (f)	coche (m)	['koʧe]
carruagem restaurante (f)	coche restaurante (m)	['koʧe restau'rante]
carris (m pl)	rieles (m pl)	['rjeles]
caminho de ferro (m)	ferrocarril (m)	[feroka'rilʲ]
travessa (f)	traviesa (f)	[tra'βjesa]
plataforma (f)	plataforma (f)	[plʲata'forma]
linha (f)	vía (f)	['bia]
semáforo (m)	semáforo (m)	[se'maforo]
estação (f)	estación (f)	[esta'θjon]
maquinista (m)	maquinista (m)	[maki'nista]
bagageiro (m)	maletero (m)	[male'tero]
hospedeiro, -a (da carruagem)	mozo (m) del vagón	['moθo delʲ ba'γon]
passageiro (m)	pasajero (m)	[pasa'χero]
revisor (m)	revisor (m)	[reβi'sor]
corredor (m)	corredor (m)	[kore'ðor]
freio (m) de emergência	freno (m) de urgencia	['freno de ur'χenθia]
compartimento (m)	compartimiento (m)	[komparti'mjento]
cama (f)	litera (f)	[li'tera]
cama (f) de cima	litera (f) de arriba	[li'tera de a'riβa]
cama (f) de baixo	litera (f) de abajo	[li'tera de a'βaχo]
roupa (f) de cama	ropa (f) de cama	['ropa de 'kama]
bilhete (m)	billete (m)	[bi'jete]
horário (m)	horario (m)	[o'rario]
painel (m) de informação	pantalla (f) de información	[pan'taja de iɱforma'θjon]
partir (vt)	partir (vi)	[par'tir]
partida (f)	partida (f)	[par'tiða]
chegar (vi)	llegar (vi)	[je'gar]
chegada (f)	llegada (f)	[je'gaða]
chegar de comboio	llegar en tren	[je'gar en 'tren]
apanhar o comboio	tomar el tren	[to'mar elʲ 'tren]
sair do comboio	bajar del tren	[ba'χar delʲ 'tren]
acidente (m) ferroviário	descarrilamiento (m)	[deskarilʲa'mjento]
descarrilar (vi)	descarrilarse (vr)	[deskari'lʲarse]
locomotiva (f) a vapor	tren (m) de vapor	['tren de ba'por]
fogueiro (m)	fogonero (m)	[fogo'nero]
fornalha (f)	hogar (m)	[o'gar]
carvão (m)	carbón (m)	[kar'βon]

26. Barco

| navio (m) | barco, buque (m) | ['barko], ['buke] |
| embarcação (f) | navío (m) | [na'βio] |

vapor (m)	buque (m) de vapor	['buke de ba'por]
navio (m)	motonave (f)	[moto'naβe]
transatlântico (m)	trasatlántico (m)	[trasat'lʲantiko]
cruzador (m)	crucero (m)	[kru'θero]

iate (m)	yate (m)	['jate]
rebocador (m)	remolcador (m)	[remolʲka'ðor]
barcaça (f)	barcaza (f)	[bar'kaθa]
ferry (m)	ferry (m)	['feri]

| veleiro (m) | velero (m) | [be'lero] |
| bergantim (m) | bergantín (m) | [bergan'tin] |

| quebra-gelo (m) | rompehielos (m) | [rompe·'jelʲos] |
| submarino (m) | submarino (m) | [suβma'rino] |

bote, barco (m)	bote (m)	['bote]
bote, dingue (m)	bote (m)	['bote]
bote (m) salva-vidas	bote (m) salvavidas	['bote salʲβa'βiðas]
lancha (f)	lancha (f) motora	['lʲantʃa mo'tora]

capitão (m)	capitán (m)	[kapi'tan]
marinheiro (m)	marinero (m)	[mari'nero]
marujo (m)	marino (m)	[ma'rino]
tripulação (f)	tripulación (f)	[tripulʲa'θjon]

contramestre (m)	contramaestre (m)	[kontrama'estre]
grumete (m)	grumete (m)	[gru'mete]
cozinheiro (m) de bordo	cocinero (m) de abordo	[koθi'nero de a'βorðo]
médico (m) de bordo	médico (m) del buque	['meðiko delʲ 'buke]

convés (m)	cubierta (f)	[ku'βjerta]
mastro (m)	mástil (m)	['mastilʲ]
vela (f)	vela (f)	['belʲa]

porão (m)	bodega (f)	[bo'ðega]
proa (f)	proa (f)	['proa]
popa (f)	popa (f)	['popa]
remo (m)	remo (m)	['remo]
hélice (f)	hélice (f)	['eliθe]

camarote (m)	camarote (m)	[kama'rote]
sala (f) dos oficiais	sala (f) de oficiales	['salʲa de ofi'θjales]
sala (f) das máquinas	sala (f) de máquinas	['salʲa de 'makinas]
ponte (m) de comando	puente (m) de mando	[pu'ente de 'mando]
sala (f) de comunicações	sala (f) de radio	['salʲa de 'raðio]
onda (f) de rádio	onda (f)	['onda]
diário (m) de bordo	cuaderno (m) de bitácora	[kua'ðerno de bi'takora]
luneta (f)	anteojo (m)	[ante'oχo]
sino (m)	campana (f)	[kam'pana]

bandeira (f)	**bandera** (f)	[ban'dera]
cabo (m)	**cabo** (m)	['kaβo]
nó (m)	**nudo** (m)	['nuðo]
corrimão (m)	**pasamano** (m)	[pasa'mano]
prancha (f) de embarque	**pasarela** (f)	[pasa'reli̯a]
âncora (f)	**ancla** (f)	['aŋkli̯a]
recolher a âncora	**levar ancla**	[le'βar 'aŋkli̯a]
lançar a âncora	**echar ancla**	[e'ʧar 'aŋkli̯a]
amarra (f)	**cadena** (f) **del ancla**	[ka'ðena deli̯ 'aŋkli̯a]
porto (m)	**puerto** (m)	[pu'erto]
cais, amarradouro (m)	**embarcadero** (m)	[embarka'ðero]
atracar (vi)	**amarrar** (vt)	[ama'rar]
desatracar (vi)	**desamarrar** (vt)	[desama'rar]
viagem (f)	**viaje** (m)	['bjaχe]
cruzeiro (m)	**crucero** (m)	[kru'θero]
rumo (m), rota (f)	**derrota** (f)	[de'rota]
itinerário (m)	**itinerario** (m)	[itine'rario]
canal (m) navegável	**canal** (m) **navegable**	[ka'nali̯ naβe'gaβle]
banco (m) de areia	**bajío** (m)	[ba'χio]
encalhar (vt)	**encallar** (vi)	[eŋka'jar]
tempestade (f)	**tempestad** (f)	[tempes'tað]
sinal (m)	**señal** (f)	[se'njali̯]
afundar-se (vr)	**hundirse** (vr)	[un'dirse]
Homem ao mar!	**¡Hombre al agua!**	['ombre ali̯ 'agua]
SOS	**SOS**	['ese o 'ese]
boia (f) salva-vidas	**aro** (m) **salvavidas**	['aro sali̯βa'βiðas]

CIDADE

autocarro (m)	autobús (m)	[auto'βus]
elétrico (m)	tranvía (m)	[tram'bia]
troleicarro (m)	trolebús (m)	[trole'βus]
itinerário (m)	itinerario (m)	[itine'rario]
número (m)	número (m)	['numero]
ir de ... (carro, etc.)	ir en ...	[ir en]
entrar (~ no autocarro)	tomar (vt)	[to'mar]
descer de ...	bajar del ...	[ba'χar delʲ]
paragem (f)	parada (f)	[pa'raða]
próxima paragem (f)	próxima parada (f)	['proksima pa'raða]
ponto (m) final	parada (f) final	[pa'raða fi'nalʲ]
horário (m)	horario (m)	[o'rario]
esperar (vt)	esperar (vt)	[espe'rar]
bilhete (m)	billete (m)	[bi'jete]
custo (m) do bilhete	precio (m) del billete	['preθjo delʲ bi'jete]
bilheteiro (m)	cajero (m)	[ka'χero]
controlo (m) dos bilhetes	control (m) de billetes	[kon'trolʲ de bi'jetes]
revisor (m)	revisor (m)	[rebi'sor]
atrasar-se (vr)	llegar tarde (vi)	[je'gar 'tarðe]
perder (o autocarro, etc.)	perder (vt)	[per'ðer]
estar com pressa	tener prisa	[te'ner 'prisa]
táxi (m)	taxi (m)	['taksi]
taxista (m)	taxista (m)	[ta'ksista]
de táxi (ir ~)	en taxi	[en 'taksi]
praça (f) de táxis	parada (f) de taxi	[pa'raða de 'taksi]
chamar um táxi	llamar un taxi	[ja'mar un 'taksi]
apanhar um táxi	tomar un taxi	[to'mar un 'taksi]
tráfego (m)	tráfico (m)	['trafiko]
engarrafamento (m)	atasco (m)	[a'tasko]
horas (f pl) de ponta	horas (f pl) de punta	['oras de 'punta]
estacionar (vi)	aparcar (vi)	[apar'kar]
estacionar (vt)	aparcar (vt)	[apar'kar]
parque (m) de estacionamento	aparcamiento (m)	[aparka'mjento]
metro (m)	metro (m)	['metro]
estação (f)	estación (f)	[esta'θjon]
ir de metro	ir en el metro	[ir en elʲ 'metro]
comboio (m)	tren (m)	['tren]
estação (f)	estación (f)	[esta'θjon]

28. Cidade. Vida na cidade

cidade (f)	ciudad (f)	[θju'ðað]
capital (f)	capital (f)	[kapi'talʲ]
aldeia (f)	aldea (f)	[alʲ'ðea]
mapa (m) da cidade	plano (m) de la ciudad	['plʲano de lʲa θju'ðað]
centro (m) da cidade	centro (m) de la ciudad	['θentro de lʲa θju'ðað]
subúrbio (m)	suburbio (m)	[su'βurβio]
suburbano	suburbano (adj)	[suβur'βano]
periferia (f)	arrabal (m)	[ara'βalʲ]
arredores (m pl)	afueras (f pl)	[afu'eras]
quarteirão (m)	barrio (m)	['bario]
quarteirão (m) residencial	zona (f) de viviendas	['θona de bi'βjendas]
tráfego (m)	tráfico (m)	['trafiko]
semáforo (m)	semáforo (m)	[se'maforo]
transporte (m) público	transporte (m) urbano	[trans'porte ur'βano]
cruzamento (m)	cruce (m)	['kruθe]
passadeira (f)	paso (m) de peatones	['paso de pea'tones]
passagem (f) subterrânea	paso (m) subterráneo	['paso suβte'raneo]
cruzar, atravessar (vt)	cruzar (vt)	[kru'θar]
peão (m)	peatón (m)	[pea'ton]
passeio (m)	acera (f)	[a'θera]
ponte (f)	puente (m)	[pu'ente]
margem (f) do rio	muelle (m)	[mu'eje]
fonte (f)	fuente (f)	[fu'ente]
alameda (f)	alameda (f)	[alʲa'meða]
parque (m)	parque (m)	['parke]
bulevar (m)	bulevar (m)	[bule'βar]
praça (f)	plaza (f)	['plʲaθa]
avenida (f)	avenida (f)	[aβe'niða]
rua (f)	calle (f)	['kaje]
travessa (f)	callejón (m)	[kaje'χon]
beco (m) sem saída	callejón (m) sin salida	[kaje'χon sin sa'liða]
casa (f)	casa (f)	['kasa]
edifício, prédio (m)	edificio (m)	[eði'fiθio]
arranha-céus (m)	rascacielos (m)	[raska'θjelʲos]
fachada (f)	fachada (f)	[fa'ʧaða]
telhado (m)	techo (m)	['teʧo]
janela (f)	ventana (f)	[ben'tana]
arco (m)	arco (m)	['arko]
coluna (f)	columna (f)	[ko'lʲumna]
esquina (f)	esquina (f)	[es'kina]
montra (f)	escaparate (f)	[eskapa'rate]
letreiro (m)	letrero (m)	[le'trero]
cartaz (m)	cartel (m)	[kar'telʲ]
cartaz (m) publicitário	cartel (m) publicitario	[kar'telʲ puβliθi'tario]

painel (m) publicitário	valla (f) publicitaria	['baja puβliθi'taria]
lixo (m)	basura (f)	[ba'sura]
cesta (f) do lixo	cajón (m) de basura	[ka'χon de ba'sura]
jogar lixo na rua	tirar basura	[ti'rar ba'sura]
aterro (m) sanitário	basurero (m)	[basu'rero]
cabine (f) telefónica	cabina (f) telefónica	[ka'βina tele'fonika]
candeeiro (m) de rua	farola (f)	[fa'rolʲa]
banco (m)	banco (m)	['baŋko]
polícia (m)	policía (m)	[poli'θia]
polícia (instituição)	policía (f)	[poli'θia]
mendigo (m)	mendigo (m)	[men'digo]
sem-abrigo (m)	persona (f) sin hogar	[per'sona sin o'gar]

29. Instituições urbanas

loja (f)	tienda (f)	['tjenda]
farmácia (f)	farmacia (f)	[far'maθia]
ótica (f)	óptica (f)	['optika]
centro (m) comercial	centro (m) comercial	['θentro komer'θjalʲ]
supermercado (m)	supermercado (m)	[supermer'kaðo]
padaria (f)	panadería (f)	[panaðe'ria]
padeiro (m)	panadero (m)	[pana'ðero]
pastelaria (f)	pastelería (f)	[pastele'ria]
mercearia (f)	tienda (f) de comestibles	['tjenda de komes'tiβles]
talho (m)	carnicería (f)	[karniθe'ria]
loja (f) de legumes	verdulería (f)	[berðule'ria]
mercado (m)	mercado (m)	[mer'kaðo]
café (m)	cafetería (f)	[kafete'ria]
restaurante (m)	restaurante (m)	[restau'rante]
bar (m), cervejaria (f)	cervecería (f)	[θerβeθe'ria]
pizzaria (f)	pizzería (f)	[pitse'ria]
salão (m) de cabeleireiro	peluquería (f)	[pelʲuke'ria]
correios (m pl)	oficina (f) de correos	[ofi'θina de ko'reos]
lavandaria (f)	tintorería (f)	[tintore'ria]
estúdio (m) fotográfico	estudio (m) fotográfico	[es'tuðjo foto'γrafiko]
sapataria (f)	zapatería (f)	[θapate'ria]
livraria (f)	librería (f)	[liβre'ria]
loja (f) de artigos de desporto	tienda (f) deportiva	['tjenda depor'tiβa]
reparação (f) de roupa	arreglos (m pl) de ropa	[a'reɣlʲos de 'ropa]
aluguer (m) de roupa	alquiler (m) de ropa	[alʲki'ler de 'ropa]
aluguer (m) de filmes	videoclub (m)	[biðeo·'klʲuβ]
circo (m)	circo (m)	['θirko]
jardim (m) zoológico	zoológico (m)	[θoo'lʲoχiko]
cinema (m)	cine (m)	['θine]
museu (m)	museo (m)	[mu'seo]

biblioteca (f)	biblioteca (f)	[biβlio'teka]
teatro (m)	teatro (m)	[te'atro]
ópera (f)	ópera (f)	['opera]
clube (m) noturno	club (m) nocturno	[klʲuβ nok'turno]
casino (m)	casino (m)	[ka'sino]
mesquita (f)	mezquita (f)	[meθ'kita]
sinagoga (f)	sinagoga (f)	[sina'goga]
catedral (f)	catedral (f)	[kate'ðralʲ]
templo (m)	templo (m)	['templʲo]
igreja (f)	iglesia (f)	[i'ɣlesia]
instituto (m)	instituto (m)	[insti'tuto]
universidade (f)	universidad (f)	[uniβersi'ðað]
escola (f)	escuela (f)	[esku'elʲa]
prefeitura (f)	prefectura (f)	[prefek'tura]
câmara (f) municipal	alcaldía (f)	[alʲkalʲ'ðia]
hotel (m)	hotel (m)	[o'telʲ]
banco (m)	banco (m)	['baŋko]
embaixada (f)	embajada (f)	[emba'xaða]
agência (f) de viagens	agencia (f) de viajes	[a'xenθja de 'bjaxes]
agência (f) de informações	oficina (f) de información	[ofi'θina de imforma'θjon]
casa (f) de câmbio	oficina (f) de cambio	[ofi'θina de 'kambio]
metro (m)	metro (m)	['metro]
hospital (m)	hospital (m)	[ospi'talʲ]
posto (m) de gasolina	gasolinera (f)	[gasoli'nera]
parque (m) de estacionamento	aparcamiento (m)	[aparka'mjento]

30. Sinais

letreiro (m)	letrero (m)	[le'trero]
inscrição (f)	cartel (m)	[kar'telʲ]
cartaz, póster (m)	pancarta (f)	[paŋ'karta]
sinal (m) informativo	señal (m) de dirección	[se'njalʲ de direk'θjon]
seta (f)	flecha (f)	['fletʃa]
aviso (advertência)	advertencia (f)	[aðβer'tenθia]
sinal (m) de aviso	aviso (m)	[a'βiso]
avisar, advertir (vt)	advertir (vt)	[aðβer'tir]
dia (m) de folga	día (m) de descanso	['dia de des'kanso]
horário (m)	horario (m)	[o'rario]
horário (m) de funcionamento	horario (m) de apertura	[o'rarjo de aper'tura]
BEM-VINDOS!	¡BIENVENIDOS!	[bjembe'niðos]
ENTRADA	ENTRADA	[en'traða]
SAÍDA	SALIDA	[sa'liða]
EMPURRE	EMPUJAR	[empu'xar]
PUXE	TIRAR	[ti'rar]

| ABERTO | ABIERTO | [a'βjerto] |
| FECHADO | CERRADO | [θe'raðo] |

| MULHER | MUJERES | [mu'χeres] |
| HOMEM | HOMBRES | ['ombres] |

DESCONTOS	REBAJAS	[re'βaχas]
SALDOS	SALDOS	['salʲdos]
NOVIDADE!	NOVEDAD	[noβe'ðað]
GRÁTIS	GRATIS	['gratis]

ATENÇÃO!	¡ATENCIÓN!	[aten'θjon]
NÃO HÁ VAGAS	COMPLETO	[kom'pleto]
RESERVADO	RESERVADO	[reser'βaðo]

ADMINISTRAÇÃO	ADMINISTRACIÓN	[aðministra'θjon]
SOMENTE PESSOAL	SÓLO PERSONAL	['solʔo perso'nal?
AUTORIZADO	AUTORIZADO	autoriʔaʔo]

CUIDADO CÃO FEROZ	CUIDADO CON EL PERRO	[kui'ðaðo kon elʲ 'pero]
PROIBIDO FUMAR!	PROHIBIDO FUMAR	[proi'βiðo fu'mar]
NÃO TOCAR	NO TOCAR	[no to'kar]

PERIGOSO	PELIGROSO	[peli'γroso]
PERIGO	PELIGRO	[pe'liγro]
ALTA TENSÃO	ALTA TENSIÓN	['alʲta ten'sjon]
PROIBIDO NADAR	PROHIBIDO BAÑARSE	[proi'βiðo ba'njarse]
AVARIADO	NO FUNCIONA	[no fun'θjona]

INFLAMÁVEL	INFLAMABLE	[imflʲa'maβle]
PROIBIDO	PROHIBIDO	[proi'βiðo]
ENTRADA PROIBIDA	PROHIBIDO EL PASO	[proi'βiðo elʲ 'paso]
CUIDADO TINTA FRESCA	RECIÉN PINTADO	[re'θjen pin'taðo]

31. Compras

comprar (vt)	comprar (vt)	[kom'prar]
compra (f)	compra (f)	['kompra]
fazer compras	hacer compras	[a'θer 'kompras]
compras (f pl)	compras (f pl)	['kompras]

| estar aberta (loja, etc.) | estar abierto | [es'tar a'βjerto] |
| estar fechada | estar cerrado | [es'tar θe'raðo] |

calçado (m)	calzado (m)	[kalʲ'θaðo]
roupa (f)	ropa (f)	['ropa]
cosméticos (m pl)	cosméticos (m pl)	[kos'metikos]
alimentos (m pl)	productos alimenticios	[pro'ðuktos alimen'tiθjos]
presente (m)	regalo (m)	[re'galʲo]

vendedor (m)	vendedor (m)	[bende'ðor]
vendedora (f)	vendedora (f)	[bende'ðora]
caixa (f)	caja (f)	['kaχa]
espelho (m)	espejo (m)	[es'peχo]

balcão (m)	**mostrador** (m)	[mostra'ðor]
cabine (f) de provas	**probador** (m)	[proβa'ðor]
provar (vt)	**probar** (vt)	[pro'βar]
servir (vi)	**quedar** (vi)	[ke'ðar]
gostar (apreciar)	**gustar** (vi)	[gus'tar]
preço (m)	**precio** (m)	['preθio]
etiqueta (f) de preço	**etiqueta** (f) **de precio**	[eti'keta de 'preθio]
custar (vt)	**costar** (vt)	[kos'tar]
Quanto?	**¿Cuánto?**	[ku'anto]
desconto (m)	**descuento** (m)	[desku'ento]
não caro	**no costoso** (adj)	[no kos'toso]
barato	**barato** (adj)	[ba'rato]
caro	**caro** (adj)	['karo]
É caro	**Es caro**	[es 'karo]
aluguer (m)	**alquiler** (m)	[alʲki'ler]
alugar (vestidos, etc.)	**alquilar** (vt)	[alʲki'lʲar]
crédito (m)	**crédito** (m)	['kreðito]
a crédito	**a crédito** (adv)	[a 'kreðito]

VESTUÁRIO & ACESSÓRIOS

32. Roupa exterior. Casacos

roupa (f)	**ropa** (f)	['ropa]
roupa (f) exterior	**ropa** (f) **de calle**	['ropa de 'kaje]
roupa (f) de inverno	**ropa** (f) **de invierno**	['ropa de im'bjerno]
sobretudo (m)	**abrigo** (m)	[a'βrigo]
casaco (m) de peles	**abrigo** (m) **de piel**	[a'βrigo de pjelʲ]
casaco curto (m) de peles	**abrigo** (m) **corto de piel**	[a'βrigo 'korto de pjelʲ]
casaco (m) acolchoado	**chaqueta** (f) **plumón**	[ʧa'keta plʲu'mon]
casaco, blusão (m)	**cazadora** (f)	[kaθa'ðora]
impermeável (m)	**impermeable** (m)	[imperme'aβle]
impermeável	**impermeable** (adj)	[imperme'aβle]

33. Vestuário de homem & mulher

camisa (f)	**camisa** (f)	[ka'misa]
calças (f pl)	**pantalones** (m pl)	[panta'lʲones]
calças (f pl) de ganga	**vaqueros** (m pl)	[ba'keros]
casaco (m) de fato	**chaqueta** (f), **saco** (m)	[ʧa'keta], ['sako]
fato (m)	**traje** (m)	['traχe]
vestido (ex. ~ vermelho)	**vestido** (m)	[bes'tiðo]
saia (f)	**falda** (f)	['falʲda]
blusa (f)	**blusa** (f)	['blʲusa]
casaco (m) de malha	**rebeca** (f),	[re'βeka],
	chaqueta (f) **de punto**	[ʧa'keta de 'punto]
casaco, blazer (m)	**chaqueta** (f)	[ʧa'keta]
T-shirt, camiseta (f)	**camiseta** (f)	[kami'seta]
calções (Bermudas, etc.)	**pantalones** (m pl) **cortos**	[panta'lʲones 'kortos]
fato (m) de treino	**traje** (m) **deportivo**	['traχe depor'tiβo]
roupão (m) de banho	**bata** (f) **de baño**	['bata de 'banjo]
pijama (m)	**pijama** (m)	[pi'χama]
suéter (m)	**suéter** (m)	[su'eter]
pulôver (m)	**pulóver** (m)	[pu'lʲoβer]
colete (m)	**chaleco** (m)	[ʧa'leko]
fraque (m)	**frac** (m)	[frak]
smoking (m)	**esmoquin** (m)	[es'mokin]
uniforme (m)	**uniforme** (m)	[uni'forme]
roupa (f) de trabalho	**ropa** (f) **de trabajo**	['ropa de tra'βaχo]
fato-macaco (m)	**mono** (m)	['mono]
bata (~ branca, etc.)	**bata** (f)	['bata]

34. Vestuário. Roupa interior

roupa (f) interior	ropa (f) interior	['ropa inte'rjor]
cuecas boxer (f pl)	bóxer (m)	['bokser]
cuecas (f pl)	bragas (f pl)	['bragas]
camisola (f) interior	camiseta (f) interior	[kami'θeta inte'rjor]
peúgas (f pl)	calcetines (m pl)	[kalʲθe'tines]
camisa (f) de noite	camisón (m)	[kami'son]
sutiã (m)	sostén (m)	[sos'ten]
meias longas (f pl)	calcetines (m pl) altos	[kalʲθe'tines 'alʲtos]
meia-calça (f)	pantimedias (f pl)	[panti'meðias]
meias (f pl)	medias (f pl)	['meðias]
fato (m) de banho	traje (m) de baño	['traχe de 'banjo]

35. Adereços de cabeça

chapéu (m)	gorro (m)	['goro]
chapéu (m) de feltro	sombrero (m)	[som'brero]
boné (m) de beisebol	gorra (f) de béisbol	['gora de 'bejsβolʲ]
boné (m)	gorra (f) plana	['gora 'plʲana]
boina (f)	boina (f)	['bojna]
capuz (m)	capuchón (m)	[kapu'ʧon]
panamá (m)	panamá (m)	[pana'ma]
gorro (m) de malha	gorro (m) de punto	['goro de 'punto]
lenço (m)	pañuelo (m)	[panju'elʲo]
chapéu (m) de mulher	sombrero (m) de mujer	[som'brero de mu'χer]
capacete (m) de proteção	casco (m)	['kasko]
bibico (m)	gorro (m) de campaña	['goro de kam'panja]
capacete (m)	casco (m)	['kasko]
chapéu-coco (m)	bombín (m)	[bom'bin]
chapéu (m) alto	sombrero (m) de copa	[som'brero de 'kopa]

36. Calçado

calçado (m)	calzado (m)	[kalʲ'θaðo]
botinas (f pl)	botas (f pl)	['botas]
sapatos (de salto alto, etc.)	zapatos (m pl)	[θa'patos]
botas (f pl)	botas (f pl)	['botas]
pantufas (f pl)	zapatillas (f pl)	[θapa'tijas]
ténis (m pl)	tenis (m pl)	['tenis]
sapatilhas (f pl)	zapatillas (f pl) de lona	[θapa'tijas de 'lʲona]
sandálias (f pl)	sandalias (f pl)	[san'daljas]
sapateiro (m)	zapatero (m)	[θapa'tero]
salto (m)	tacón (m)	[ta'kon]

par (m)	**par** (m)	[par]
atacador (m)	**cordón** (m)	[kor'ðon]
apertar os atacadores	**encordonar** (vt)	[eŋkorðo'nar]
calçadeira (f)	**calzador** (m)	[kaliθa'ðor]
graxa (f) para calçado	**betún** (m)	[be'tun]

37. Acessórios pessoais

luvas (f pl)	**guantes** (m pl)	[gu'antes]
mitenes (f pl)	**manoplas** (f pl)	[ma'noplias]
cachecol (m)	**bufanda** (f)	[bu'fanda]
óculos (m pl)	**gafas** (f pl)	['gafas]
armação (f) de óculos	**montura** (f)	[mon'tura]
guarda-chuva (m)	**paraguas** (m)	[pa'raguas]
bengala (f)	**bastón** (m)	[bas'ton]
escova (f) para o cabelo	**cepillo** (m) **de pelo**	[θe'pijo de 'pelio]
leque (m)	**abanico** (m)	[aβa'niko]
gravata (f)	**corbata** (f)	[kor'βata]
gravata-borboleta (f)	**pajarita** (f)	[paχa'rita]
suspensórios (m pl)	**tirantes** (m pl)	[ti'rantes]
lenço (m)	**moquero** (m)	[mo'kero]
pente (m)	**peine** (m)	['pejne]
travessão (m)	**pasador** (m) **de pelo**	[pasa'ðor de 'pelio]
gancho (m) de cabelo	**horquilla** (f)	[or'kija]
fivela (f)	**hebilla** (f)	[e'βija]
cinto (m)	**cinturón** (m)	[θintu'ron]
correia (f)	**correa** (f)	[ko'rea]
mala (f)	**bolsa** (f)	['bolisa]
mala (f) de senhora	**bolso** (m)	['boliso]
mochila (f)	**mochila** (f)	[mo'tʃilia]

38. Vestuário. Diversos

moda (f)	**moda** (f)	['moða]
na moda	**de moda** (adj)	[de 'moða]
estilista (m)	**diseñador** (m) **de moda**	[disenja'ðor de 'moða]
colarinho (m), gola (f)	**cuello** (m)	[ku'ejo]
bolso (m)	**bolsillo** (m)	[boli'sijo]
de bolso	**de bolsillo** (adj)	[de boli'sijo]
manga (f)	**manga** (f)	['manga]
alcinha (f)	**presilla** (f)	[pre'sija]
braguilha (f)	**bragueta** (f)	[bra'geta]
fecho (m) de correr	**cremallera** (f)	[krema'jera]
fecho (m), colchete (m)	**cierre** (m)	['θjere]
botão (m)	**botón** (m)	[bo'ton]

casa (f) de botão	ojal (m)	[o'χalʲ]
soltar-se (vr)	saltar (vi)	[salʲ'tar]

coser, costurar (vi)	coser (vi, vt)	[ko'ser]
bordar (vt)	bordar (vt)	[bor'ðar]
bordado (m)	bordado (m)	[bor'ðaðo]
agulha (f)	aguja (f)	[a'guχa]
fio (m)	hilo (m)	['ilʲo]
costura (f)	costura (f)	[kos'tura]

sujar-se (vr)	ensuciarse (vr)	[ensu'θjarse]
mancha (f)	mancha (f)	['mantʃa]
engelhar-se (vr)	arrugarse (vr)	[aru'garse]
rasgar (vt)	rasgar (vt)	[ras'gar]
traça (f)	polilla (f)	[po'lija]

39. Cuidados pessoais. Cosméticos

pasta (f) de dentes	pasta (f) de dientes	['pasta de 'djentes]
escova (f) de dentes	cepillo (m) de dientes	[θe'pijo de 'djentes]
escovar os dentes	limpiarse los dientes	[lim'pjarse los 'djentes]

máquina (f) de barbear	maquinilla (f) de afeitar	[maki'nija de afej'tar]
creme (m) de barbear	crema (f) de afeitar	['krema de afej'tar]
barbear-se (vr)	afeitarse (vr)	[afej'tarse]

sabonete (m)	jabón (m)	[χa'βon]
champô (m)	champú (m)	[tʃam'pu]

tesoura (f)	tijeras (f pl)	[ti'χeras]
lima (f) de unhas	lima (f) de uñas	['lima de 'unjas]
corta-unhas (m)	cortaúñas (m pl)	[korta·'unjas]
pinça (f)	pinzas (f pl)	['pinθas]

cosméticos (m pl)	cosméticos (m pl)	[kos'metikos]
máscara (f) facial	mascarilla (f)	[maska'rija]
manicura (f)	manicura (f)	[mani'kura]
fazer a manicura	hacer la manicura	[a'θer lʲa mani'kura]
pedicure (f)	pedicura (f)	[peðicura]

mala (f) de maquilhagem	bolsa (f) de maquillaje	['bolʲsa de maki'jaχe]
pó (m)	polvos (m pl)	['polʲβos]
caixa (f) de pó	polvera (f)	[polʲ'βera]
blush (m)	colorete (m)	[kolʲo'rete]

perfume (m)	perfume (m)	[per'fume]
água (f) de toilette	agua (f) de tocador	['agua de [toka'ðor]
loção (f)	loción (f)	[lʲo'θjon]
água-de-colónia (f)	agua (f) de Colonia	['agua de ko'lʲonia]

sombra (f) de olhos	sombra (f) de ojos	['sombra de 'oχos]
lápis (m) delineador	lápiz (m) de ojos	['lʲapiθ de 'oχos]
máscara (f), rímel (m)	rímel (m)	['rimelʲ]
batom (m)	pintalabios (m)	[pinta·'lʲaβios]

verniz (m) de unhas	esmalte (m) de uñas	[es'malʲte de 'unjas]
laca (f) para cabelos	fijador (m)	[fiχa'ðor]
desodorizante (m)	desodorante (m)	[desoðo'rante]
creme (m)	crema (f)	['krema]
creme (m) de rosto	crema (f) de belleza	['krema de be'jeθa]
creme (m) de mãos	crema (f) de manos	['krema de 'manos]
creme (m) antirrugas	crema (f) antiarrugas	['krema anti·a'rugas]
creme (m) de dia	crema (f) de día	['krema de 'dia]
creme (m) de noite	crema (f) de noche	['krema de 'notʃe]
de dia	de día (adj)	[de 'dia]
da noite	de noche (adj)	[de 'notʃe]
tampão (m)	tampón (m)	[tam'pon]
papel (m) higiénico	papel (m) higiénico	[pa'pelʲ i'χjeniko]
secador (m) elétrico	secador (m) de pelo	[seka'ðor de 'pelʲo]

40. Relógios de pulso. Relógios

relógio (m) de pulso	reloj (m)	[re'lʲoχ]
mostrador (m)	esfera (f)	[es'fera]
ponteiro (m)	aguja (f)	[a'guχa]
bracelete (f) em aço	pulsera (f)	[pulʲ'sera]
bracelete (f) em couro	correa (f)	[ko'rea]
pilha (f)	pila (f)	['pilʲa]
descarregar-se	descargarse (vr)	[deskar'garse]
trocar a pilha	cambiar la pila	[kam'bjar lʲa 'pilʲa]
estar adiantado	adelantarse (vr)	[aðelʲan'tarθe]
estar atrasado	retrasarse (vr)	[retra'sarse]
relógio (m) de parede	reloj (m) de pared	[re'lʲoχ de pa'reð]
ampulheta (f)	reloj (m) de arena	[re'lʲoχ de a'rena]
relógio (m) de sol	reloj (m) de sol	[re'lʲoχ de 'solʲ]
despertador (m)	despertador (m)	[desperta'ðor]
relojoeiro (m)	relojero (m)	[relʲo'χero]
reparar (vt)	reparar (vt)	[repa'rar]

EXPERIÊNCIA DO QUOTIDIANO

41. Dinheiro

dinheiro (m)	dinero (m)	[di'nero]
câmbio (m)	cambio (m)	['kambio]
taxa (f) de câmbio	curso (m)	['kurso]
Caixa Multibanco (m)	cajero (m) automático	[ka'χero auto'matiko]
moeda (f)	moneda (f)	[mo'neða]
dólar (m)	dólar (m)	['dolʲar]
euro (m)	euro (m)	['euro]
lira (f)	lira (f)	['lira]
marco (m)	marco (m) alemán	['marko ale'man]
franco (m)	franco (m)	['fraŋko]
libra (f) esterlina	libra esterlina (f)	['liβra ester'lina]
iene (m)	yen (m)	[jen]
dívida (f)	deuda (f)	['deuða]
devedor (m)	deudor (m)	[deu'ðor]
emprestar (vt)	prestar (vt)	[pres'tar]
pedir emprestado	tomar prestado	[to'mar pres'taðo]
banco (m)	banco (m)	['baŋko]
conta (f)	cuenta (f)	[ku'enta]
depositar (vt)	ingresar (vt)	[ingre'sar]
depositar na conta	ingresar en la cuenta	[ingre'sar en lʲa ku'enta]
levantar (vt)	sacar de la cuenta	[sa'kar de lʲa ku'enta]
cartão (m) de crédito	tarjeta (f) de crédito	[tar'χeta de 'kreðito]
dinheiro (m) vivo	dinero (m) en efectivo	[di'nero en efek'tiβo]
cheque (m)	cheque (m)	['ʧeke]
passar um cheque	sacar un cheque	[sa'kar un 'ʧeke]
livro (m) de cheques	talonario (m)	[talʲo'nario]
carteira (f)	cartera (f)	[kar'tera]
porta-moedas (m)	monedero (m)	[mone'ðero]
cofre (m)	caja (f) fuerte	['kaχa fu'erte]
herdeiro (m)	heredero (m)	[ere'ðero]
herança (f)	herencia (f)	[e'renθia]
fortuna (riqueza)	fortuna (f)	[for'tuna]
arrendamento (m)	arriendo (m)	[a'rjendo]
renda (f) de casa	alquiler (m)	[alʲki'ler]
alugar (vt)	alquilar (vt)	[alʲki'lʲar]
preço (m)	precio (m)	['preθio]
custo (m)	coste (m)	['koste]

soma (f)	suma (f)	['suma]
gastar (vt)	gastar (vt)	[gas'tar]
gastos (m pl)	gastos (m pl)	['gastos]
economizar (vi)	economizar (vi, vt)	[ekonomi'θar]
económico	económico (adj)	[eko'nomiko]
pagar (vt)	pagar (vi, vt)	[pa'gar]
pagamento (m)	pago (m)	['pago]
troco (m)	cambio (m)	['kambio]
imposto (m)	impuesto (m)	[impu'esto]
multa (f)	multa (f)	['mulʲta]
multar (vt)	multar (vt)	[mulʲ'tar]

42. Correios. Serviço postal

correios (m pl)	oficina (f) de correos	[ofi'θina de ko'reos]
correio (m)	correo (m)	[ko'reo]
carteiro (m)	cartero (m)	[kar'tero]
horário (m)	horario (m) de apertura	[o'rarjo de aper'tura]
carta (f)	carta (f)	['karta]
carta (f) registada	carta (f) certificada	['karta θertifi'kaða]
postal (m)	tarjeta (f) postal	[tar'χeta pos'talʲ]
telegrama (m)	telegrama (m)	[tele'ɣrama]
encomenda (f) postal	paquete (m) postal	[pa'kete pos'talʲ]
remessa (f) de dinheiro	giro (m) postal	['χiro pos'talʲ]
receber (vt)	recibir (vt)	[reθi'βir]
enviar (vt)	enviar (vt)	[em'bjar]
envio (m)	envío (m)	[em'bio]
endereço (m)	dirección (f)	[direk'θjon]
código (m) postal	código (m) postal	['koðigo pos'talʲ]
remetente (m)	expedidor (m)	[ekspeði'ðor]
destinatário (m)	destinatario (m)	[destina'tario]
nome (m)	nombre (m)	['nombre]
apelido (m)	apellido (m)	[ape'jiðo]
tarifa (f)	tarifa (f)	[ta'rifa]
ordinário	ordinario (adj)	[orði'nario]
económico	económico (adj)	[eko'nomiko]
peso (m)	peso (m)	['peso]
pesar (estabelecer o peso)	pesar (vt)	[pe'sar]
envelope (m)	sobre (m)	['soβre]
selo (m)	sello (m)	['sejo]
colar o selo	poner un sello	[po'ner un 'sejo]

43. Banca

banco (m)	banco (m)	['baŋko]
sucursal, balcão (f)	sucursal (f)	[sukur'salʲ]

consultor (m)	consultor (m)	[konsulʲ'tor]
gerente (m)	gerente (m)	[xe'rente]
conta (f)	cuenta (f)	[ku'enta]
número (m) da conta	numero (m) de la cuenta	['numero de lʲa ku'enta]
conta (f) corrente	cuenta (f) corriente	[ku'enta ko'rjente]
conta (f) poupança	cuenta (f) de ahorros	[ku'enta de a'oros]
abrir uma conta	abrir una cuenta	[a'βrir una ku'enta]
fechar uma conta	cerrar la cuenta	[θe'rar lʲa ku'enta]
depositar na conta	ingresar en la cuenta	[ingre'sar en lʲa ku'enta]
levantar (vt)	sacar de la cuenta	[sa'kar de lʲa ku'enta]
depósito (m)	depósito (m)	[de'posito]
fazer um depósito	hacer un depósito	[a'θer un de'posito]
transferência (f) bancária	giro (m)	['xiro]
transferir (vt)	hacer un giro	[a'θer un 'xiro]
soma (f)	suma (f)	['suma]
Quanto?	¿Cuánto?	[ku'anto]
assinatura (f)	firma (f)	['firma]
assinar (vt)	firmar (vt)	[fir'mar]
cartão (m) de crédito	tarjeta (f) de crédito	[tar'xeta de 'kreðito]
código (m)	código (m)	['koðigo]
número (m)	número (m)	['numero
do cartão de crédito	de tarjeta de crédito	de tar'xeta de 'kreðito]
Caixa Multibanco (m)	cajero (m) automático	[ka'xero auto'matiko]
cheque (m)	cheque (m)	['tʃeke]
passar um cheque	sacar un cheque	[sa'kar un 'tʃeke]
livro (m) de cheques	talonario (m)	[talʲo'nario]
empréstimo (m)	crédito (m)	['kreðito]
pedir um empréstimo	pedir el crédito	[pe'ðir elʲ 'kreðito]
obter um empréstimo	obtener un crédito	[oβte'ner un 'kreðito]
conceder um empréstimo	conceder un crédito	[konθe'ðer un 'kreðito]
garantia (f)	garantía (f)	[garan'tia]

44. Telefone. Conversação telefónica

telefone (m)	teléfono (m)	[te'lefono]
telemóvel (m)	teléfono (m) móvil	[te'lefono 'moβilʲ]
secretária (f) electrónica	contestador (m)	[kontesta'ðor]
fazer uma chamada	llamar, telefonear	[ja'mar], [telefone'ar]
chamada (f)	llamada (f)	[ja'maða]
marcar um número	marcar un número	[mar'kar un 'numero]
Alô!	¿Sí?, ¿Dígame?	[si], ['digame]
perguntar (vt)	preguntar (vt)	[pregun'tar]
responder (vt)	responder (vi, vt)	[respon'der]
ouvir (vt)	oír (vt)	[o'ir]

bem	bien (adv)	[bjen]
mal	mal (adv)	[malʲ]
ruído (m)	ruidos (m pl)	[ru'iðos]

auscultador (m)	auricular (m)	[auriku'lʲar]
pegar o telefone	descolgar (vt)	[deskolʲ'gar]
desligar (vi)	colgar el auricular	[kolʲ'gar elʲ auriku'lʲar]
ocupado	ocupado (adj)	[oku'paðo]
tocar (vi)	sonar (vi)	[so'nar]
lista (f) telefónica	guía (f) de teléfonos	['gia de te'lefonos]

local	local (adj)	[lʲo'kalʲ]
chamada (f) local	llamada (f) local	[ja'maða lʲo'kalʲ]
de longa distância	de larga distancia	[de 'lʲarga dis'tanθia]
chamada (f) de longa distância	llamada (f) de larga distancia	[ja'maða de 'lʲarga dis'tanθia]
internacional	internacional (adj)	[internaθjo'nalʲ]
chamada (f) internacional	llamada (f) internacional	[ja'maða internaθjo'nalʲ]

45. Telefone móvel

telemóvel (m)	teléfono (m) móvil	[te'lefono 'moβilʲ]
ecrã (m)	pantalla (f)	[pan'taja]
botão (m)	botón (m)	[bo'ton]
cartão SIM (m)	tarjeta SIM (f)	[tar'χeta sim]

bateria (f)	pila (f)	['pilʲa]
descarregar-se	descargarse (vr)	[deskar'garse]
carregador (m)	cargador (m)	[karga'ðor]

menu (m)	menú (m)	[me'nu]
definições (f pl)	preferencias (f pl)	[prefe'renθias]
melodia (f)	melodía (f)	[melʲo'ðia]
escolher (vt)	seleccionar (vt)	[selekθjo'nar]

calculadora (f)	calculadora (f)	[kalʲkulʲa'ðora]
correio (m) de voz	contestador (m)	[kontesta'ðor]
despertador (m)	despertador (m)	[desperta'ðor]
contatos (m pl)	contactos (m pl)	[kon'taktos]

mensagem (f) de texto	mensaje (m) de texto	[men'saχe de 'teksto]
assinante (m)	abonado (m)	[aβo'naðo]

46. Estacionário

caneta (f)	bolígrafo (m)	[bo'liɣrafo]
caneta (f) tinteiro	pluma (f) estilográfica	['plʲuma estilʲo'ɣrafika]

lápis (m)	lápiz (m)	['lʲapiθ]
marcador (m)	marcador (m)	[marka'ðor]
caneta (f) de feltro	rotulador (m)	[rotulʲa'ðor]
bloco (m) de notas	bloc (m) de notas	['blʲok de 'notas]

agenda (f)	agenda (f)	[a'χenda]
régua (f)	regla (f)	['reɣlʲa]
calculadora (f)	calculadora (f)	[kalʲkulʲa'ðora]
borracha (f)	goma (f) de borrar	['goma de bo'rar]
pionés (m)	chincheta (f)	[tʃin'tʃeta]
clipe (m)	clip (m)	[klip]
cola (f)	cola (f), pegamento (m)	['kolʲa], [pega'mento]
agrafador (m)	grapadora (f)	[grapa'ðora]
furador (m)	perforador (m)	[perfora'ðor]
afia-lápis (m)	sacapuntas (m)	[saka'puntas]

47. Línguas estrangeiras

língua (f)	lengua (f)	['lengua]
estrangeiro	extranjero (adj)	[ekstran'χero]
língua (f) estrangeira	lengua (f) extranjera	['lengua ekstran'χera]
estudar (vt)	estudiar (vt)	[estu'ðjar]
aprender (vt)	aprender (vt)	[apren'der]
ler (vt)	leer (vi, vt)	[le'er]
falar (vi)	hablar (vi, vt)	[a'βlʲar]
compreender (vt)	comprender (vt)	[kompren'der]
escrever (vt)	escribir (vt)	[eskri'βir]
rapidamente	rápidamente (adv)	['rapiða'mente]
devagar	lentamente (adv)	[lenta'mente]
fluentemente	con fluidez (adv)	[kon flʲui'ðeθ]
regras (f pl)	reglas (f pl)	['reɣlʲas]
gramática (f)	gramática (f)	[gra'matika]
vocabulário (m)	vocabulario (m)	[bokaβu'lʲario]
fonética (f)	fonética (f)	[fo'netika]
manual (m) escolar	manual (m)	[manu'alʲ]
dicionário (m)	diccionario (m)	[dikθjo'nario]
manual (m) de autoaprendizagem	manual (m) autodidáctico	[manu'alʲ autoði'ðaktiko]
guia (m) de conversação	guía (f) de conversación	['gia de kombersa'θjon]
cassete (f)	casete (m)	[ka'sete]
vídeo cassete (m)	videocasete (f)	[biðeo·ka'sete]
CD (m)	disco compacto (m)	['disko kom'pakto]
DVD (m)	DVD (m)	[deβe'de]
alfabeto (m)	alfabeto (m)	[alʲfa'βeto]
soletrar (vt)	deletrear (vt)	[deletre'ar]
pronúncia (f)	pronunciación (f)	[pronunθja'θjon]
sotaque (m)	acento (m)	[a'θento]
com sotaque	con acento	[kon a'θento]
sem sotaque	sin acento	[sin a'θento]
palavra (f)	palabra (f)	[pa'lʲaβra]
sentido (m)	significado (m)	[siɣnifi'kaðo]

cursos (m pl)	**cursos** (m pl)	['kursos]
inscrever-se (vr)	**inscribirse** (vr)	[inskri'βirse]
professor (m)	**profesor** (m)	[profe'sor]

tradução (processo)	**traducción** (f)	[traðuk'θjon]
tradução (texto)	**traducción** (f)	[traðuk'θjon]
tradutor (m)	**traductor** (m)	[traðuk'tor]
intérprete (m)	**intérprete** (m)	[in'terprete]

| poliglota (m) | **políglota** (m) | [po'liɣʲota] |
| memória (f) | **memoria** (f) | [me'moria] |

REFEIÇÕES. RESTAURANTE

48. Por a mesa

colher (f)	cuchara (f)	[ku'tʃara]
faca (f)	cuchillo (m)	[ku'tʃijo]
garfo (m)	tenedor (m)	[tene'ðor]
chávena (f)	taza (f)	['taθa]
prato (m)	plato (m)	['plʲato]
pires (m)	platillo (m)	[plʲa'tijo]
guardanapo (m)	servilleta (f)	[serβi'jeta]
palito (m)	mondadientes (m)	[monda'ðjentes]

49. Restaurante

restaurante (m)	restaurante (m)	[restau'rante]
café (m)	cafetería (f)	[kafete'ria]
bar (m), cervejaria (f)	bar (m)	[bar]
salão (m) de chá	salón (m) de té	[sa'lʲon de 'te]
empregado (m) de mesa	camarero (m)	[kama'rero]
empregada (f) de mesa	camarera (f)	[kama'rera]
barman (m)	barman (m)	['barman]
ementa (f)	carta (f), menú (m)	['karta], [me'nu]
lista (f) de vinhos	carta (f) de vinos	['karta de 'binos]
reservar uma mesa	reservar una mesa	[reser'βar 'una 'mesa]
prato (m)	plato (m)	['plʲato]
pedir (vt)	pedir (vt)	[pe'ðir]
fazer o pedido	hacer un pedido	[a'θer un pe'ðiðo]
aperitivo (m)	aperitivo (m)	[aperi'tiβo]
entrada (f)	entremés (m)	[entre'mes]
sobremesa (f)	postre (m)	['postre]
conta (f)	cuenta (f)	[ku'enta]
pagar a conta	pagar la cuenta	[pa'gar lʲa ku'enta]
dar o troco	dar la vuelta	['dar lʲa bu'elta]
gorjeta (f)	propina (f)	[pro'pina]

50. Refeições

comida (f)	comida (f)	[ko'miða]
comer (vt)	comer (vi, vt)	[ko'mer]

pequeno-almoço (m)	**desayuno** (m)	[desa'juno]
tomar o pequeno-almoço	**desayunar** (vi)	[desaju'nar]
almoço (m)	**almuerzo** (m)	[alʲmu'erθo]
almoçar (vi)	**almorzar** (vi)	[alʲmor'θar]
jantar (m)	**cena** (f)	['θena]
jantar (vi)	**cenar** (vi)	[θe'nar]

apetite (m)	**apetito** (m)	[ape'tito]
Bom apetite!	**¡Que aproveche!**	[ke apro'βetʃe]

abrir (~ uma lata, etc.)	**abrir** (vt)	[a'βrir]
derramar (vt)	**derramar** (vt)	[dera'mar]
derramar-se (vr)	**derramarse** (vr)	[dera'marse]

ferver (vi)	**hervir** (vi)	[er'βir]
ferver (vt)	**hervir** (vt)	[er'βir]
fervido	**hervido** (adj)	[er'βiðo]
arrefecer (vt)	**enfriar** (vt)	[eɱfri'ar]
arrefecer-se (vr)	**enfriarse** (vr)	[eɱfri'arse]

sabor, gosto (m)	**sabor** (m)	[sa'βor]
gostinho (m)	**regusto** (m)	[re'gusto]

fazer dieta	**adelgazar** (vi)	[aðelʲga'θar]
dieta (f)	**dieta** (f)	[di'eta]
vitamina (f)	**vitamina** (f)	[bita'mina]
caloria (f)	**caloría** (f)	[kalʲo'ria]
vegetariano (m)	**vegetariano** (m)	[beχeta'rjano]
vegetariano	**vegetariano** (adj)	[beχeta'rjano]

gorduras (f pl)	**grasas** (f pl)	['grasas]
proteínas (f pl)	**proteínas** (f pl)	[prote'inas]
carboidratos (m pl)	**carbohidratos** (m pl)	[karβoi'ðratos]
fatia (~ de limão, etc.)	**loncha** (f)	['lʲontʃa]
pedaço (~ de bolo)	**pedazo** (m)	[pe'ðaθo]
migalha (f)	**miga** (f)	['miga]

51. Pratos cozinhados

prato (m)	**plato** (m)	['plʲato]
cozinha (~ portuguesa)	**cocina** (f)	[ko'θina]
receita (f)	**receta** (f)	[re'θeta]
porção (f)	**porción** (f)	[por'θjon]

salada (f)	**ensalada** (f)	[ensa'lʲaða]
sopa (f)	**sopa** (f)	['sopa]

caldo (m)	**caldo** (m)	['kalʲdo]
sandes (f)	**bocadillo** (m)	[boka'ðijo]
ovos (m pl) estrelados	**huevos** (m pl) **fritos**	[u'eβos 'fritos]

hambúrguer (m)	**hamburguesa** (f)	[ambur'gesa]
bife (m)	**bistec** (m)	[bis'tek]
conduto (m)	**guarnición** (f)	[guarni'θjon]

espaguete (m)	espagueti (m)	[espa'geti]
puré (m) de batata	puré (m) de patatas	[pu're de pa'tatas]
pizza (f)	pizza (f)	['pitsa]
papa (f)	gachas (f pl)	['gatʃas]
omelete (f)	tortilla (f) francesa	[tor'tija fran'θesa]

cozido em água	cocido en agua (adj)	[ko'θiðo en 'agua]
fumado	ahumado (adj)	[au'maðo]
frito	frito (adj)	['frito]
seco	seco (adj)	['seko]
congelado	congelado (adj)	[konχe'lʲaðo]
em conserva	marinado (adj)	[mari'naðo]

doce (açucarado)	azucarado, dulce (adj)	[aθuka'raðo], ['dulʲθe]
salgado	salado (adj)	[sa'lʲaðo]
frio	frío (adj)	['frio]
quente	caliente (adj)	[ka'ljente]
amargo	amargo (adj)	[a'margo]
gostoso	sabroso (adj)	[sa'βroso]

cozinhar (em água a ferver)	cocer (vt) en agua	[ko'θer en 'agua]
fazer, preparar (vt)	preparar (vt)	[prepa'rar]
fritar (vt)	freír (vt)	[fre'ir]
aquecer (vt)	calentar (vt)	[kalen'tar]

salgar (vt)	salar (vt)	[sa'lʲar]
apimentar (vt)	poner pimienta	[po'ner pi'mjenta]
ralar (vt)	rallar (vt)	[ra'jar]
casca (f)	piel (f)	[pjelʲ]
descascar (vt)	pelar (vt)	[pe'lʲar]

52. Comida

carne (f)	carne (f)	['karne]
galinha (f)	gallina (f)	[ga'jina]
frango (m)	pollo (m)	['pojo]
pato (m)	pato (m)	['pato]
ganso (m)	ganso (m)	['ganso]
caça (f)	caza (f) menor	['kaθa me'nor]
peru (m)	pava (f)	['paβa]

carne (f) de porco	carne (f) de cerdo	['karne de 'θerðo]
carne (f) de vitela	carne (f) de ternera	['karne de ter'nera]
carne (f) de carneiro	carne (f) de carnero	['karne de kar'nero]
carne (f) de vaca	carne (f) de vaca	['karne de 'baka]
carne (f) de coelho	conejo (m)	[ko'neχo]

chouriço, salsichão (m)	salchichón (m)	[salʲtʃi'tʃon]
salsicha (f)	salchicha (f)	[salʲ'tʃitʃa]
bacon (m)	beicon (m)	['bejkon]
fiambre (f)	jamón (m)	[χa'mon]
presunto (m)	jamón (m) fresco	[χa'mon 'fresko]
patê (m)	paté (m)	[pa'te]
fígado (m)	hígado (m)	['igaðo]

| carne (f) moída | carne (f) picada | ['karne pi'kaða] |
| língua (f) | lengua (f) | ['lengua] |

ovo (m)	huevo (m)	[u'eβo]
ovos (m pl)	huevos (m pl)	[u'eβos]
clara (f) do ovo	clara (f)	['klʲara]
gema (f) do ovo	yema (f)	['jema]

peixe (m)	pescado (m)	[pes'kaðo]
mariscos (m pl)	mariscos (m pl)	[ma'riskos]
crustáceos (m pl)	crustáceos (m pl)	[krus'taθeos]
caviar (m)	caviar (m)	[ka'βjar]

caranguejo (m)	cangrejo (m) de mar	[kan'greχo de 'mar]
camarão (m)	camarón (m)	[kama'ron]
ostra (f)	ostra (f)	['ostra]
lagosta (f)	langosta (f)	[lʲan'gosta]
polvo (m)	pulpo (m)	['pulʲpo]
lula (f)	calamar (m)	[kalʲa'mar]

esturjão (m)	esturión (m)	[estu'rjon]
salmão (m)	salmón (m)	[salʲ'mon]
halibute (m)	fletán (m)	[fle'tan]

bacalhau (m)	bacalao (m)	[baka'lʲao]
cavala, sarda (f)	caballa (f)	[ka'βaja]
atum (m)	atún (m)	[a'tun]
enguia (f)	anguila (f)	[an'gilʲa]

truta (f)	trucha (f)	['trutʃa]
sardinha (f)	sardina (f)	[sar'ðina]
lúcio (m)	lucio (m)	['lʲuθio]
arenque (m)	arenque (m)	[a'reŋke]

pão (m)	pan (m)	[pan]
queijo (m)	queso (m)	['keso]
açúcar (m)	azúcar (m)	[a'θukar]
sal (m)	sal (f)	[salʲ]

arroz (m)	arroz (m)	[a'roθ]
massas (f pl)	macarrones (m pl)	[maka'rones]
talharim (m)	tallarines (m pl)	[taja'rines]

manteiga (f)	mantequilla (f)	[mante'kija]
óleo (m) vegetal	aceite (m) vegetal	[a'θejte beχe'talʲ]
óleo (m) de girassol	aceite (m) de girasol	[a'θejte de χira'solʲ]
margarina (f)	margarina (f)	[marga'rina]

| azeitonas (f pl) | olivas, aceitunas (f pl) | [o'liβas], [aθei'tunas] |
| azeite (m) | aceite (m) de oliva | [a'θejte de o'liβa] |

leite (m)	leche (f)	['letʃe]
leite (m) condensado	leche (f) condensada	['letʃe konden'saða]
iogurte (m)	yogur (m)	[jo'gur]
nata (f) azeda	nata (f) agria	['nata 'aɣria]
nata (f) do leite	nata (f) líquida	['nata 'likiða]

| maionese (f) | mayonesa (f) | [majo'nesa] |
| creme (m) | crema (f) de mantequilla | ['krema de mante'kija] |

grãos (m pl) de cereais	cereales (m pl) integrales	[θere'ales inte'ɣrales]
farinha (f)	harina (f)	[a'rina]
enlatados (m pl)	conservas (f pl)	[kon'serβas]

flocos (m pl) de milho	copos (m pl) de maíz	['kopos de ma'iθ]
mel (m)	miel (f)	[mjelʲ]
doce (m)	confitura (f)	[komfi'tura]
pastilha (f) elástica	chicle (m)	['ʧikle]

53. Bebidas

água (f)	agua (f)	['agua]
água (f) potável	agua (f) potable	['agua po'taβle]
água (f) mineral	agua (f) mineral	['agua mine'ralʲ]

sem gás	sin gas	[sin 'gas]
gaseificada	gaseoso (adj)	[gase'oso]
com gás	con gas	[kon 'gas]
gelo (m)	hielo (m)	['jelʲo]
com gelo	con hielo	[kon 'jelʲo]

sem álcool	sin alcohol	[sin alʲko'olʲ]
bebida (f) sem álcool	bebida (f) sin alcohol	[be'βiða sin alʲko'olʲ]
refresco (m)	refresco (m)	[re'fresko]
limonada (f)	limonada (f)	[limo'naða]

bebidas (f pl) alcoólicas	bebidas (f pl) alcohólicas	[be'βiðas alʲko'olikas]
vinho (m)	vino (m)	['bino]
vinho (m) branco	vino (m) blanco	['bino 'blʲaŋko]
vinho (m) tinto	vino (m) tinto	['bino 'tinto]

licor (m)	licor (m)	[li'kor]
champanhe (m)	champaña (f)	[ʧam'panja]
vermute (m)	vermú (m)	[ber'mu]

uísque (m)	whisky (m)	['wiski]
vodka (f)	vodka (m)	['boðka]
gim (m)	ginebra (f)	[χi'neβra]
conhaque (m)	coñac (m)	[ko'njak]
rum (m)	ron (m)	[ron]

café (m)	café (m)	[ka'fe]
café (m) puro	café (m) solo	[ka'fe 'solʲo]
café (m) com leite	café (m) con leche	[ka'fe kon 'leʧe]
cappuccino (m)	capuchino (m)	[kapu'ʧino]
café (m) solúvel	café (m) soluble	[ka'fe so'lʲuβle]

leite (m)	leche (f)	['leʧe]
coquetel (m)	cóctel (m)	['koktelʲ]
batido (m) de leite	batido (m)	[ba'tiðo]
sumo (m)	zumo (m), jugo (m)	['θumo], ['χugo]

sumo (m) de tomate	jugo (m) de tomate	['χugo de to'mate]
sumo (m) de laranja	zumo (m) de naranja	['θumo de na'ranχa]
sumo (m) fresco	zumo (m) fresco	['θumo 'fresko]

cerveja (f)	cerveza (f)	[θer'βeθa]
cerveja (f) clara	cerveza (f) rubia	[θer'βeθa 'ruβia]
cerveja (f) preta	cerveza (f) negra	[θer'βeθa 'neγra]

chá (m)	té (m)	[te]
chá (m) preto	té (m) negro	['te 'neγro]
chá (m) verde	té (m) verde	['te 'berðe]

54. Vegetais

| legumes (m pl) | legumbres (f pl) | [le'gumbres] |
| verduras (f pl) | verduras (f pl) | [ber'ðuras] |

tomate (m)	tomate (m)	[to'mate]
pepino (m)	pepino (m)	[pe'pino]
cenoura (f)	zanahoria (f)	[θana'oria]
batata (f)	patata (f)	[pa'tata]
cebola (f)	cebolla (f)	[θe'βoja]
alho (m)	ajo (m)	['aχo]

| couve (f) | col (f) | [kolʲ] |
| couve-flor (f) | coliflor (f) | [koli'flʲor] |

| couve-de-bruxelas (f) | col (f) de Bruselas | [kolʲ de bru'selʲas] |
| brócolos (m pl) | brócoli (m) | ['brokoli] |

beterraba (f)	remolacha (f)	[remo'lʲatʃa]
beringela (f)	berenjena (f)	[beren'χena]
curgete (f)	calabacín (m)	[kalʲaβa'θin]

| abóbora (f) | calabaza (f) | [kalʲa'βaθa] |
| nabo (m) | nabo (m) | ['naβo] |

salsa (f)	perejil (m)	[pere'χilʲ]
funcho, endro (m)	eneldo (m)	[e'nelʲdo]
alface (f)	lechuga (f)	[le'tʃuga]
aipo (m)	apio (m)	['apio]

| espargo (m) | espárrago (m) | [es'parago] |
| espinafre (m) | espinaca (f) | [espi'naka] |

| ervilha (f) | guisante (m) | [gi'sante] |
| fava (f) | habas (f pl) | ['aβas] |

| milho (m) | maíz (m) | [ma'iθ] |
| feijão (m) | fréjol (m) | ['freχolʲ] |

pimentão (m)	pimiento (m) dulce	[pi'mjento 'dulθe]
rabanete (m)	rábano (m)	['raβano]
alcachofra (f)	alcachofa (f)	[alʲka'tʃofa]

55. Frutos. Nozes

fruta (f)	fruto (m)	['fruto]
maçã (f)	manzana (f)	[man'θana]
pera (f)	pera (f)	['pera]
limão (m)	limón (m)	[li'mon]
laranja (f)	naranja (f)	[na'ranχa]
morango (m)	fresa (f)	['fresa]
tangerina (f)	mandarina (f)	[manda'rina]
ameixa (f)	ciruela (f)	[θiru'elʲa]
pêssego (m)	melocotón (m)	[melʲoko'ton]
damasco (m)	albaricoque (m)	[alʲβari'koke]
framboesa (f)	frambuesa (f)	[frambu'esa]
ananás (m)	piña (f)	['pinja]
banana (f)	banana (f)	[ba'nana]
melancia (f)	sandía (f)	[san'dia]
uva (f)	uva (f)	['uβa]
ginja (f)	guinda (f)	['ginda]
cereja (f)	cereza (f)	[θe'reθa]
meloa (f)	melón (m)	[me'lʲon]
toranja (f)	pomelo (m)	[po'melʲo]
abacate (m)	aguacate (m)	[agua'kate]
papaia (f)	papaya (f)	[pa'paja]
manga (f)	mango (m)	['mango]
romã (f)	granada (f)	[gra'naða]
groselha (f) vermelha	grosella (f) roja	[gro'seja 'roχa]
groselha (f) preta	grosella (f) negra	[gro'seja 'neɣra]
groselha (f) espinhosa	grosella (f) espinosa	[gro'seja espi'nosa]
mirtilo (m)	arándano (m)	[a'randano]
amora silvestre (f)	zarzamoras (f pl)	[θarθa'moras]
uvas (f pl) passas	pasas (f pl)	['pasas]
figo (m)	higo (m)	['igo]
tâmara (f)	dátil (m)	['datilʲ]
amendoim (m)	cacahuete (m)	[kakau'ete]
amêndoa (f)	almendra (f)	[alʲ'mendra]
noz (f)	nuez (f)	[nu'eθ]
avelã (f)	avellana (f)	[aβe'jana]
coco (m)	nuez (f) de coco	[nu'eθ de 'koko]
pistáchios (m pl)	pistachos (m pl)	[pis'tatʃos]

56. Pão. Bolaria

pastelaria (f)	pasteles (m pl)	[pas'teles]
pão (m)	pan (m)	[pan]
bolacha (f)	galletas (f pl)	[ga'jetas]
chocolate (m)	chocolate (m)	[tʃoko'lʲate]
de chocolate	de chocolate (adj)	[de tʃoko'lʲate]

rebuçado (m)	caramelo (m)	[kara'melʲo]
bolo (cupcake, etc.)	mini tarta (f)	['mini 'tarta]
bolo (m) de aniversário	tarta (f)	['tarta]

| tarte (~ de maçã) | tarta (f) | ['tarta] |
| recheio (m) | relleno (m) | [re'jeno] |

doce (m)	confitura (f)	[koɱfi'tura]
geleia (f) de frutas	mermelada (f)	[merme'lʲaða]
waffle (m)	gofre (m)	['gofre]
gelado (m)	helado (m)	[e'lʲaðo]
pudim (m)	pudin (m)	['puðin]

57. Especiarias

sal (m)	sal (f)	[salʲ]
salgado	salado (adj)	[sa'lʲaðo]
salgar (vt)	salar (vt)	[sa'lʲar]

pimenta (f) preta	pimienta (f) negra	[pi'mjenta 'neɣra]
pimenta (f) vermelha	pimienta (f) roja	[pi'mjenta 'roχa]
mostarda (f)	mostaza (f)	[mos'taθa]
raiz-forte (f)	rábano (m) picante	['raβano pi'kante]

condimento (m)	condimento (m)	[kondi'mento]
especiaria (f)	especia (f)	[es'peθia]
molho (m)	salsa (f)	['salʲsa]
vinagre (m)	vinagre (m)	[bi'naɣre]

anis (m)	anís (m)	[a'nis]
manjericão (m)	albahaca (f)	[alʲβa'aka]
cravo (m)	clavo (m)	['klʲaβo]
gengibre (m)	jengibre (m)	[χen'χiβre]
coentro (m)	cilantro (m)	[θi'lʲantro]
canela (f)	canela (f)	[ka'nelʲa]

sésamo (m)	sésamo (m)	['sesamo]
folhas (f pl) de louro	hoja (f) de laurel	['oχa de lʲau'relʲ]
páprica (f)	paprika (f)	[pap'rika]
cominho (m)	comino (m)	[ko'mino]
açafrão (m)	azafrán (m)	[aθa'fran]

INFORMAÇÃO PESSOAL. FAMÍLIA

58. Informação pessoal. Formulários

nome (m)	nombre (m)	['nombre]
apelido (m)	apellido (m)	[ape'jiðo]
data (f) de nascimento	fecha (f) de nacimiento	['fetʃa de naθi'mjento]
local (m) de nascimento	lugar (m) de nacimiento	[lʲu'gar de naθi'mjento]
nacionalidade (f)	nacionalidad (f)	[naθjonali'ðað]
lugar (m) de residência	domicilio (m)	[domi'θilio]
país (m)	país (m)	[pa'is]
profissão (f)	profesión (f)	[profe'sjon]
sexo (m)	sexo (m)	['sekso]
estatura (f)	estatura (f)	[esta'tura]
peso (m)	peso (m)	['peso]

59. Membros da família. Parentes

mãe (f)	madre (f)	['maðre]
pai (m)	padre (m)	['paðre]
filho (m)	hijo (m)	['iχo]
filha (f)	hija (f)	['iχa]
filha (f) mais nova	hija (f) menor	['iχa me'nor]
filho (m) mais novo	hijo (m) menor	['iχo me'nor]
filha (f) mais velha	hija (f) mayor	['iχa ma'jor]
filho (m) mais velho	hijo (m) mayor	['iχo ma'jor]
irmão (m)	hermano (m)	[er'mano]
irmão (m) mais velho	hermano (m) mayor	[er'mano ma'jor]
irmão (m) mais novo	hermano (m) menor	[er'mano me'nor]
irmã (f)	hermana (f)	[er'mana]
irmã (f) mais velha	hermana (f) mayor	[er'mana ma'jor]
irmã (f) mais nova	hermana (f) menor	[er'mana me'nor]
primo (m)	primo (m)	['primo]
prima (f)	prima (f)	['prima]
mamã (f)	mamá (f)	[ma'ma]
papá (m)	papá (m)	[pa'pa]
pais (pl)	padres (pl)	['paðres]
criança (f)	niño (m), niña (f)	['ninjo], ['ninja]
crianças (f pl)	niños (pl)	['ninjos]
avó (f)	abuela (f)	[aβu'elʲa]
avô (m)	abuelo (m)	[aβu'elʲo]
neto (m)	nieto (m)	['njeto]

neta (f)	**nieta** (f)	['njeta]
netos (pl)	**nietos** (pl)	['njetos]
tio (m)	**tío** (m)	['tio]
tia (f)	**tía** (f)	['tia]
sobrinho (m)	**sobrino** (m)	[so'βrino]
sobrinha (f)	**sobrina** (f)	[so'βrina]
sogra (f)	**suegra** (f)	[su'eɣra]
sogro (m)	**suegro** (m)	[su'eɣro]
genro (m)	**yerno** (m)	['jerno]
madrasta (f)	**madrastra** (f)	[ma'ðrastra]
padrasto (m)	**padrastro** (m)	[pa'ðrastro]
criança (f) de colo	**niño** (m) **de pecho**	['ninjo de 'petʃo]
bebé (m)	**bebé** (m)	[be'βe]
menino (m)	**chico** (m)	['tʃiko]
mulher (f)	**mujer** (f)	[mu'χer]
marido (m)	**marido** (m)	[ma'riðo]
esposo (m)	**esposo** (m)	[es'poso]
esposa (f)	**esposa** (f)	[es'posa]
casado	**casado** (adj)	[ka'saðo]
casada	**casada** (adj)	[ka'saða]
solteiro	**soltero** (adj)	[sol'tero]
solteirão (m)	**soltero** (m)	[sol'tero]
divorciado	**divorciado** (adj)	[diβor'θjaðo]
viúva (f)	**viuda** (f)	['bjuða]
viúvo (m)	**viudo** (m)	['bjuðo]
parente (m)	**pariente** (m)	[pa'rjente]
parente (m) próximo	**pariente** (m) **cercano**	[pa'rjente θer'kano]
parente (m) distante	**pariente** (m) **lejano**	[pa'rjente le'χano]
parentes (m pl)	**parientes** (pl)	[pa'rjentes]
órfão (m)	**huérfano** (m)	[u'erfano]
órfã (f)	**huérfana** (f)	[u'erfana]
tutor (m)	**tutor** (m)	[tu'tor]
adotar (um filho)	**adoptar, ahijar** (vt)	[aðop'tar], [ai'χar]
adotar (uma filha)	**adoptar, ahijar** (vt)	[aðop'tar], [ai'χar]

60. Amigos. Colegas de trabalho

amigo (m)	**amigo** (m)	[a'migo]
amiga (f)	**amiga** (f)	[a'miga]
amizade (f)	**amistad** (f)	[amis'tað]
ser amigos	**ser amigo**	[ser a'migo]
amigo (m)	**amigote** (m)	[ami'gote]
amiga (f)	**amiguete** (f)	[ami'gete]
parceiro (m)	**compañero** (m)	[kompa'njero]
chefe (m)	**jefe** (m)	['χefe]
superior (m)	**superior** (m)	[supe'rjor]

proprietário (m)	**propietario** (m)	[propje'tario]
subordinado (m)	**subordinado** (m)	[suβorði'naðo]
colega (m)	**colega** (m, f)	[ko'lega]
conhecido (m)	**conocido** (m)	[kono'θiðo]
companheiro (m) de viagem	**compañero** (m) **de viaje**	[kompa'njero de 'bjaχe]
colega (m) de classe	**condiscípulo** (m)	[kondi'θipulˡo]
vizinho (m)	**vecino** (m)	[be'θino]
vizinha (f)	**vecina** (f)	[be'θina]
vizinhos (pl)	**vecinos** (pl)	[be'θinos]

CORPO HUMANO. MEDICINA

61. Cabeça

cabeça (f)	cabeza (f)	[ka'βeθa]
cara (f)	cara (f)	['kara]
nariz (m)	nariz (f)	[na'riθ]
boca (f)	boca (f)	['boka]
olho (m)	ojo (m)	['oχo]
olhos (m pl)	ojos (m pl)	['oχos]
pupila (f)	pupila (f)	[pu'piˡʲa]
sobrancelha (f)	ceja (f)	['θeχa]
pestana (f)	pestaña (f)	[pes'tanja]
pálpebra (f)	párpado (m)	['parpaðo]
língua (f)	lengua (f)	['lengua]
dente (m)	diente (m)	['djente]
lábios (m pl)	labios (m pl)	['lʲaβjos]
maçãs (f pl) do rosto	pómulos (m pl)	['pomuˡʲos]
gengiva (f)	encía (f)	[en'θia]
palato (m)	paladar (m)	[palʲa'ðar]
narinas (f pl)	ventanas (f pl)	[ben'tanas]
queixo (m)	mentón (m)	[men'ton]
mandíbula (f)	mandíbula (f)	[man'diβulʲa]
bochecha (f)	mejilla (f)	[me'χija]
testa (f)	frente (f)	['frente]
têmpora (f)	sien (f)	[θjen]
orelha (f)	oreja (f)	[o'reχa]
nuca (f)	nuca (f)	['nuka]
pescoço (m)	cuello (m)	[ku'ejo]
garganta (f)	garganta (f)	[gar'ganta]
cabelos (m pl)	pelo, cabello (m)	['peˡʲo], [ka'βejo]
penteado (m)	peinado (m)	[pej'naðo]
corte (m) de cabelo	corte (m) de pelo	['korte de 'peˡʲo]
peruca (f)	peluca (f)	[pe'lʲuka]
bigode (m)	bigote (m)	[bi'gote]
barba (f)	barba (f)	['barβa]
usar, ter (~ barba, etc.)	tener (vt)	[te'ner]
trança (f)	trenza (f)	['trenθa]
suíças (f pl)	patillas (f pl)	[pa'tijas]
ruivo	pelirrojo (adj)	[peli'roχo]
grisalho	gris, canoso (adj)	[gris], [ka'noso]
calvo	calvo (adj)	['kalʲβo]
calva (f)	calva (f)	['kalʲβa]

| rabo-de-cavalo (m) | cola (f) de caballo | ['kolʲa de ka'βajo] |
| franja (f) | flequillo (m) | [fle'kijo] |

62. Corpo humano

| mão (f) | mano (f) | ['mano] |
| braço (m) | brazo (m) | ['braθo] |

dedo (m)	dedo (m)	['deðo]
dedo (m) do pé	dedo (m) del pie	['deðo delʲ pje]
polegar (m)	dedo (m) pulgar	['deðo pulʲ'gar]
dedo (m) mindinho	dedo (m) meñique	['deðo me'njike]
unha (f)	uña (f)	['unja]

punho (m)	puño (m)	['punjo]
palma (f) da mão	palma (f)	['palʲma]
pulso (m)	muñeca (f)	[mu'njeka]
antebraço (m)	antebrazo (m)	[ante·'βraθo]
cotovelo (m)	codo (m)	['koðo]
ombro (m)	hombro (m)	['ombro]

perna (f)	pierna (f)	['pjerna]
pé (m)	planta (f)	['plʲanta]
joelho (m)	rodilla (f)	[ro'ðija]
barriga (f) da perna	pantorrilla (f)	[panto'rija]
anca (f)	cadera (f)	[ka'ðera]
calcanhar (m)	talón (m)	[ta'lʲon]

corpo (m)	cuerpo (m)	[ku'erpo]
barriga (f)	vientre (m)	['bjentre]
peito (m)	pecho (m)	['petʃo]
seio (m)	seno (m)	['seno]
lado (m)	lado (m), costado (m)	['lʲaðo], [kos'taðo]
costas (f pl)	espalda (f)	[es'palʲda]
região (f) lombar	zona (f) lumbar	['θona lʲum'bar]
cintura (f)	cintura (f), talle (m)	[θin'tura], ['taje]

umbigo (m)	ombligo (m)	[om'bligo]
nádegas (f pl)	nalgas (f pl)	['nalʲgas]
traseiro (m)	trasero (m)	[tra'sero]

sinal (m)	lunar (m)	[lʲu'nar]
sinal (m) de nascença	marca (f) de nacimiento	['marka de naθi'mjento]
tatuagem (f)	tatuaje (m)	[tatu'axe]
cicatriz (f)	cicatriz (f)	[sika'triθ]

63. Doenças

doença (f)	enfermedad (f)	[emɟferme'ðað]
estar doente	estar enfermo	[es'tar emɟ'fermo]
saúde (f)	salud (f)	[sa'lʲuð]
nariz (m) a escorrer	resfriado (m)	[resfri'aðo]

amigdalite (f)	**angina** (f)	[an'χina]
constipação (f)	**resfriado** (m)	[resfri'aðo]
constipar-se (vr)	**resfriarse** (vr)	[resfri'arse]
bronquite (f)	**bronquitis** (f)	[broŋ'kitis]
pneumonia (f)	**pulmonía** (f)	[pulʲmo'nia]
gripe (f)	**gripe** (f)	['gripe]
míope	**miope** (adj)	[mi'ope]
presbita	**présbita** (adj)	['presβita]
estrabismo (m)	**estrabismo** (m)	[estra'βismo]
estrábico	**estrábico** (m) (adj)	[es'traβiko]
catarata (f)	**catarata** (f)	[kata'rata]
glaucoma (m)	**glaucoma** (m)	[glʲau'koma]
AVC (m), apoplexia (f)	**insulto** (m)	[in'sulʲto]
ataque (m) cardíaco	**ataque** (m) **cardiaco**	[a'take kar'ðjako]
enfarte (m) do miocárdio	**infarto** (m) **de miocardio**	[iɱ'farto de mio'karðio]
paralisia (f)	**parálisis** (f)	[pa'ralisis]
paralisar (vt)	**paralizar** (vt)	[parali'θar]
alergia (f)	**alergia** (f)	[a'lerχia]
asma (f)	**asma** (f)	['asma]
diabetes (f)	**diabetes** (f)	[dia'βetes]
dor (f) de dentes	**dolor** (m) **de muelas**	[do'lʲor de mu'elʲas]
cárie (f)	**caries** (f)	['karies]
diarreia (f)	**diarrea** (f)	[dia'rea]
prisão (f) de ventre	**estreñimiento** (m)	[estrenji'mjento]
desarranjo (m) intestinal	**molestia** (f) **estomacal**	[mo'lestja estoma'kalʲ]
intoxicação (f) alimentar	**envenenamiento** (m)	[embenena'mjento]
intoxicar-se	**envenenarse** (vr)	[embene'narse]
artrite (f)	**artritis** (f)	[ar'tritis]
raquitismo (m)	**raquitismo** (m)	[raki'tismo]
reumatismo (m)	**reumatismo** (m)	[reuma'tismo]
arteriosclerose (f)	**aterosclerosis** (f)	[ateroskle'rosis]
gastrite (f)	**gastritis** (f)	[gas'tritis]
apendicite (f)	**apendicitis** (f)	[apendi'θitis]
colecistite (f)	**colecistitis** (f)	[koleθis'titis]
úlcera (f)	**úlcera** (f)	['ulʲθera]
sarampo (m)	**sarampión** (m)	[saram'pjon]
rubéola (f)	**rubeola** (f)	[ruβe'olʲa]
iterícia (f)	**ictericia** (f)	[ikte'riθia]
hepatite (f)	**hepatitis** (f)	[epa'titis]
esquizofrenia (f)	**esquizofrenia** (f)	[eskiθo'frenia]
raiva (f)	**rabia** (f)	['raβia]
neurose (f)	**neurosis** (f)	[neu'rosis]
comoção (f) cerebral	**conmoción** (f) **cerebral**	[konmo'θjon θere'βralʲ]
cancro (m)	**cáncer** (m)	['kanθer]
esclerose (f)	**esclerosis** (f)	[eskle'rosis]

esclerose (f) múltipla	**esclerosis** (f) **múltiple**	[eskle'rosis 'mulᵗiple]
alcoolismo (m)	**alcoholismo** (m)	[alᵗkoo'lismo]
alcoólico (m)	**alcohólico** (m)	[alᵗko'oliko]
sífilis (f)	**sífilis** (f)	['sifilis]
SIDA (f)	**SIDA** (m)	['siða]

tumor (m)	**tumor** (m)	[tu'mor]
maligno	**maligno** (adj)	[ma'liɣno]
benigno	**benigno** (adj)	[be'niɣno]
febre (f)	**fiebre** (f)	['fjeβre]
malária (f)	**malaria** (f)	[ma'lᵗaria]
gangrena (f)	**gangrena** (f)	[gan'grena]
enjoo (m)	**mareo** (m)	[ma'reo]
epilepsia (f)	**epilepsia** (f)	[epi'lepsia]

epidemia (f)	**epidemia** (f)	[epi'ðemia]
tifo (m)	**tifus** (m)	['tifus]
tuberculose (f)	**tuberculosis** (f)	[tuβerku'lᵗosis]
cólera (f)	**cólera** (f)	['kolera]
peste (f)	**peste** (f)	['peste]

64. Sintomas. Tratamentos. Parte 1

sintoma (m)	**síntoma** (m)	['sintoma]
temperatura (f)	**temperatura** (f)	[tempera'tura]
febre (f)	**fiebre** (f)	['fjeβre]
pulso (m)	**pulso** (m)	['pulᵗso]

vertigem (f)	**mareo** (m)	[ma'reo]
quente (testa, etc.)	**caliente** (adj)	[ka'ljente]
calafrio (m)	**escalofrío** (m)	[eskalᵗo'frio]
pálido	**pálido** (adj)	['paliðo]

tosse (f)	**tos** (f)	[tos]
tossir (vi)	**toser** (vi)	[to'ser]
espirrar (vi)	**estornudar** (vi)	[estornu'ðar]
desmaio (m)	**desmayo** (m)	[des'majo]
desmaiar (vi)	**desmayarse** (vr)	[desma'jarse]

nódoa (f) negra	**moradura** (f)	[mora'ðura]
galo (m)	**chichón** (m)	[ʧi'ʧon]
magoar-se (vr)	**golpearse** (vr)	[golᵗpe'arse]
pisadura (f)	**magulladura** (f)	[maguja'ðura]
aleijar-se (vr)	**magullarse** (vr)	[magu'jarse]

coxear (vi)	**cojear** (vi)	[koχe'ar]
deslocação (f)	**dislocación** (f)	[dislᵗoka'θjon]
deslocar (vt)	**dislocar** (vt)	[dislᵗo'kar]
fratura (f)	**fractura** (f)	[frak'tura]
fraturar (vt)	**tener una fractura**	[te'ner 'una frak'tura]

corte (m)	**corte** (m)	['korte]
cortar-se (vr)	**cortarse** (vr)	[kor'tarse]
hemorragia (f)	**hemorragia** (f)	[emo'raχia]

queimadura (f)	**quemadura** (f)	[kema'ðura]
queimar-se (vr)	**quemarse** (vr)	[ke'marse]
picar (vt)	**pincharse** (vt)	[pin'tʃarse]
picar-se (vr)	**pincharse** (vr)	[pin'tʃarse]
lesionar (vt)	**herir** (vt)	[e'rir]
lesão (m)	**herida** (f)	[e'riða]
ferida (f), ferimento (m)	**lesión** (f)	[le'sjon]
trauma (m)	**trauma** (m)	['trauma]
delirar (vi)	**delirar** (vi)	[deli'rar]
gaguejar (vi)	**tartamudear** (vi)	[tartamuðe'ar]
insolação (f)	**insolación** (f)	[insolʲa'θjon]

65. Sintomas. Tratamentos. Parte 2

dor (f)	**dolor** (m)	[do'lʲor]
farpa (no dedo)	**astilla** (f)	[as'tija]
suor (m)	**sudor** (m)	[su'ðor]
suar (vi)	**sudar** (vi)	[su'ðar]
vómito (m)	**vómito** (m)	['bomito]
convulsões (f pl)	**convulsiones** (f pl)	[kombulʲ'sjones]
grávida	**embarazada** (adj)	[embara'θaða]
nascer (vi)	**nacer** (vi)	[na'θer]
parto (m)	**parto** (m)	['parto]
dar à luz	**dar a luz**	[dar a lʲuθ]
aborto (m)	**aborto** (m)	[a'βorto]
respiração (f)	**respiración** (f)	[respira'θjon]
inspiração (f)	**inspiración** (f)	[inspira'θjon]
expiração (f)	**espiración** (f)	[espira'θjon]
expirar (vi)	**espirar** (vi)	[espi'rar]
inspirar (vi)	**inspirar** (vi)	[inspi'rar]
inválido (m)	**inválido** (m)	[im'baliðo]
aleijado (m)	**mutilado** (m)	[muti'lʲaðo]
toxicodependente (m)	**drogadicto** (m)	[droɣ·a'ðikto]
surdo	**sordo** (adj)	['sorðo]
mudo	**mudo** (adj)	['muðo]
surdo-mudo	**sordomudo** (adj)	[sorðo'muðo]
louco (adj.)	**loco** (adj)	['lʲoko]
louco (m)	**loco** (m)	['lʲoko]
louca (f)	**loca** (f)	['lʲoka]
ficar louco	**volverse loco**	[bolʲ'βerse 'lʲoko]
gene (m)	**gen** (m)	[xen]
imunidade (f)	**inmunidad** (f)	[inmuni'ðað]
hereditário	**hereditario** (adj)	[ereði'tario]
congénito	**de nacimiento** (adj)	[de naθi'mjento]
vírus (m)	**virus** (m)	['birus]

micróbio (m)	microbio (m)	[mi'kroβio]
bactéria (f)	bacteria (f)	[bak'teria]
infeção (f)	infección (f)	[imfek'θjon]

66. Sintomas. Tratamentos. Parte 3

| hospital (m) | hospital (m) | [ospi'talʲ] |
| paciente (m) | paciente (m) | [pa'θjente] |

diagnóstico (m)	diagnosis (f)	[dia'ɣnosis]
cura (f)	cura (f)	['kura]
tratamento (m) médico	tratamiento (m)	[trata'mjento]
curar-se (vr)	curarse (vr)	[ku'rarse]
tratar (vt)	tratar (vt)	[tra'tar]
cuidar (pessoa)	cuidar (vt)	[kui'ðar]
cuidados (m pl)	cuidados (m pl)	[kui'ðaðos]

operação (f)	operación (f)	[opera'θjon]
enfaixar (vt)	vendar (vt)	[ben'dar]
enfaixamento (m)	vendaje (m)	[ben'daχe]

vacinação (f)	vacunación (f)	[bakuna'θjon]
vacinar (vt)	vacunar (vt)	[baku'nar]
injeção (f)	inyección (f)	[injek'θjon]
dar uma injeção	aplicar una inyección	[apli'kar 'una injek'θjon]

ataque (~ de asma, etc.)	ataque (m)	[a'take]
amputação (f)	amputación (f)	[amputa'θjon]
amputar (vt)	amputar (vt)	[ampu'tar]
coma (f)	coma (m)	['koma]
estar em coma	estar en coma	[es'tar en 'koma]
reanimação (f)	revitalización (f)	[reβitaliθa'θjon]

recuperar-se (vr)	recuperarse (vr)	[rekupe'rarse]
estado (~ de saúde)	estado (m)	[es'taðo]
consciência (f)	consciencia (f)	[kon'θjenθia]
memória (f)	memoria (f)	[me'moria]

tirar (vt)	extraer (vt)	[ekstra'er]
chumbo (m), obturação (f)	empaste (m)	[em'paste]
chumbar, obturar (vt)	empastar (vt)	[empas'tar]

| hipnose (f) | hipnosis (f) | [ip'nosis] |
| hipnotizar (vt) | hipnotizar (vt) | [ipnoti'θar] |

67. Medicina. Drogas. Acessórios

medicamento (m)	medicamento (m), droga (f)	[meðika'mento], ['droga]
remédio (m)	remedio (m)	[re'meðio]
receitar (vt)	prescribir	[preskri'βir]
receita (f)	receta (f)	[re'θeta]
comprimido (m)	tableta (f)	[ta'βleta]

pomada (f)	**ungüento** (m)	[ungu'ento]
ampola (f)	**ampolla** (f)	[am'poja]
preparado (m)	**mixtura** (f), **mezcla** (f)	[miks'tura], ['meθkl'a]
xarope (m)	**sirope** (m)	[si'rope]
cápsula (f)	**píldora** (f)	['pil'dora]
remédio (m) em pó	**polvo** (m)	['pol'βo]
ligadura (f)	**venda** (f)	['benda]
algodão (m)	**algodón** (m)	[al'go'ðon]
iodo (m)	**yodo** (m)	['joðo]
penso (m) rápido	**tirita** (f), **curita** (f)	[ti'rita], [ku'rita]
conta-gotas (m)	**pipeta** (f)	[pi'peta]
termómetro (m)	**termómetro** (m)	[ter'mometro]
seringa (f)	**jeringa** (f)	[xe'ringa]
cadeira (f) de rodas	**silla** (f) **de ruedas**	['sija de ru'eðas]
muletas (f pl)	**muletas** (f pl)	[mu'letas]
analgésico (m)	**anestésico** (m)	[anes'tesiko]
laxante (m)	**purgante** (m)	[pur'gante]
álcool (m) etílico	**alcohol** (m)	[al'ko'ol']
ervas (f pl) medicinais	**hierba** (f) **medicinal**	['jerβa meðiθi'nal']
de ervas (chá ~)	**de hierbas** (adj)	[de 'jerβas]

APARTAMENTO

68. Apartamento

apartamento (m)	**apartamento** (m)	[aparta'mento]
quarto (m)	**habitación** (f)	[aβita'θjon]
quarto (m) de dormir	**dormitorio** (m)	[dormi'torio]
sala (f) de jantar	**comedor** (m)	[kome'ðor]
sala (f) de estar	**salón** (m)	[sa'lʲon]
escritório (m)	**despacho** (m)	[des'patʃo]
antessala (f)	**antecámara** (f)	[ante'kamara]
quarto (m) de banho	**cuarto** (m) **de baño**	[ku'arto de 'banjo]
toilette (lavabo)	**servicio** (m)	[ser'βiθio]
teto (m)	**techo** (m)	['tetʃo]
chão, soalho (m)	**suelo** (m)	[su'elʲo]
canto (m)	**rincón** (m)	[rin'kon]

69. Mobiliário. Interior

mobiliário (m)	**muebles** (m pl)	[mu'eβles]
mesa (f)	**mesa** (f)	['mesa]
cadeira (f)	**silla** (f)	['sija]
cama (f)	**cama** (f)	['kama]
divã (m)	**sofá** (m)	[so'fa]
cadeirão (m)	**sillón** (m)	[si'jon]
estante (f)	**librería** (f)	[liβre'ria]
prateleira (f)	**estante** (m)	[es'tante]
guarda-vestidos (m)	**armario** (m)	[ar'mario]
cabide (m) de parede	**percha** (f)	['pertʃa]
cabide (m) de pé	**perchero** (m) **de pie**	[per'tʃero de pje]
cómoda (f)	**cómoda** (f)	['komoða]
mesinha (f) de centro	**mesa** (f) **de café**	['mesa de ka'fe]
espelho (m)	**espejo** (m)	[es'peχo]
tapete (m)	**tapiz** (m)	[ta'piθ]
tapete (m) pequeno	**alfombra** (f)	[alʲ'fombra]
lareira (f)	**chimenea** (f)	[tʃime'nea]
vela (f)	**vela** (f)	['belʲa]
castiçal (m)	**candelero** (m)	[kande'lero]
cortinas (f pl)	**cortinas** (f pl)	[kor'tinas]
papel (m) de parede	**empapelado** (m)	[empape'lʲaðo]
estores (f pl)	**estor** (m) **de láminas**	[es'tor de 'lʲaminas]

candeeiro (m) de mesa	lámpara (f) de mesa	['lʲampara de 'mesa]
candeeiro (m) de parede	aplique (m)	[ap'like]
candeeiro (m) de pé	lámpara (f) de pie	['lʲampara de pje]
lustre (m)	lámpara (f) de araña	['lʲampara de a'ranja]

pé (de mesa, etc.)	pata (f)	['pata]
braço (m)	brazo (m)	['braθo]
costas (f pl)	espaldar (m)	[espalʲ'ðar]
gaveta (f)	cajón (m)	[ka'χon]

70. Quarto de dormir

roupa (f) de cama	ropa (f) de cama	['ropa de 'kama]
almofada (f)	almohada (f)	[alʲmo'aða]
fronha (f)	funda (f)	['funda]
cobertor (m)	manta (f)	['manta]
lençol (m)	sábana (f)	['saβana]
colcha (f)	sobrecama (f)	[soβre'kama]

71. Cozinha

cozinha (f)	cocina (f)	[ko'θina]
gás (m)	gas (m)	[gas]
fogão (m) a gás	cocina (f) de gas	[ko'θina de 'gas]
fogão (m) elétrico	cocina (f) eléctrica	[ko'θina e'lektrika]
forno (m)	horno (m)	['orno]
forno (m) de micro-ondas	horno (m) microondas	['orno mikro·'ondas]

frigorífico (m)	frigorífico (m)	[frigo'rifiko]
congelador (m)	congelador (m)	[konχelʲa'ðor]
máquina (f) de lavar louça	lavavajillas (m)	['lʲaβa·βa'χijas]

moedor (m) de carne	picadora (f) de carne	[pika'ðora de 'karne]
espremedor (m)	exprimidor (m)	[eksprimi'ðor]
torradeira (f)	tostador (m)	[tosta'ðor]
batedeira (f)	batidora (f)	[bati'ðora]

máquina (f) de café	cafetera (f)	[kafe'tera]
cafeteira (f)	cafetera (f)	[kafe'tera]
moinho (m) de café	molinillo (m) de café	[moli'nijo de ka'fe]

chaleira (f)	hervidor (m) de agua	[erβi'ðor de 'agua]
bule (m)	tetera (f)	[te'tera]
tampa (f)	tapa (f)	['tapa]
coador (m) de chá	colador (m) de té	[kolʲa'ðor de te]

colher (f)	cuchara (f)	[ku'tʃara]
colher (f) de chá	cucharilla (f)	[kutʃa'rija]
colher (f) de sopa	cuchara (f) de sopa	[ku'tʃara de 'sopa]
garfo (m)	tenedor (m)	[tene'ðor]
faca (f)	cuchillo (m)	[ku'tʃijo]
louça (f)	vajilla (f)	[ba'χija]

prato (m)	**plato** (m)	['pl‍ato]
pires (m)	**platillo** (m)	[pl‍a'tijo]
cálice (m)	**vaso** (m) **de chupito**	['baso de ʧu'pito]
copo (m)	**vaso** (m)	['baso]
chávena (f)	**taza** (f)	['taθa]
açucareiro (m)	**azucarera** (f)	[aθuka'rera]
saleiro (m)	**salero** (m)	[sa'lero]
pimenteiro (m)	**pimentero** (m)	[pimen'tero]
manteigueira (f)	**mantequera** (f)	[mante'kera]
panela, caçarola (f)	**cacerola** (f)	[kaθe'rol‍a]
frigideira (f)	**sartén** (f)	[sar'ten]
concha (f)	**cucharón** (m)	[kuʧa'ron]
passador (m)	**colador** (m)	[kol‍a'ðor]
bandeja (f)	**bandeja** (f)	[ban'deχa]
garrafa (f)	**botella** (f)	[bo'teja]
boião (m) de vidro	**tarro** (m) **de vidrio**	['taro de 'biðrio]
lata (f)	**lata** (f)	['l‍ata]
abre-garrafas (m)	**abrebotellas** (m)	[aβre·βo'tejas]
abre-latas (m)	**abrelatas** (m)	[aβre·'l‍atas]
saca-rolhas (m)	**sacacorchos** (m)	[saka'korʧos]
filtro (m)	**filtro** (m)	['fil‍tro]
filtrar (vt)	**filtrar** (vt)	[fil‍'trar]
lixo (m)	**basura** (f)	[ba'sura]
balde (m) do lixo	**cubo** (m) **de basura**	['kuβo de ba'sura]

72. Casa de banho

quarto (m) de banho	**cuarto** (m) **de baño**	[ku'arto de 'banjo]
água (f)	**agua** (f)	['agua]
torneira (f)	**grifo** (m)	['grifo]
água (f) quente	**agua** (f) **caliente**	['agua ka'ljente]
água (f) fria	**agua** (f) **fría**	['agua 'fria]
pasta (f) de dentes	**pasta** (f) **de dientes**	['pasta de 'djentes]
escovar os dentes	**limpiarse los dientes**	[lim'pjarse los 'djentes]
escova (f) de dentes	**cepillo** (m) **de dientes**	[θe'pijo de 'djentes]
barbear-se (vr)	**afeitarse** (vr)	[afej'tarse]
espuma (f) de barbear	**espuma** (f) **de afeitar**	[es'puma de afej'tar]
máquina (f) de barbear	**maquinilla** (f) **de afeitar**	[maki'nija de afej'tar]
lavar (vt)	**lavar** (vt)	[l‍a'βar]
lavar-se (vr)	**darse un baño**	['darse un 'banjo]
duche (m)	**ducha** (f)	['duʧa]
tomar um duche	**darse una ducha**	['darse 'una 'duʧa]
banheira (f)	**bañera** (f)	[ba'njera]
sanita (f)	**inodoro** (m)	[ino'ðoro]

lavatório (m)	lavabo (m)	[lʲa'βaβo]
sabonete (m)	jabón (m)	[χa'βon]
saboneteira (f)	jabonera (f)	[χaβo'nera]

esponja (f)	esponja (f)	[es'ponχa]
champô (m)	champú (m)	[ʧam'pu]
toalha (f)	toalla (f)	[to'aja]
roupão (m) de banho	bata (f) de baño	['bata de 'banjo]

lavagem (f)	colada (f), lavado (m)	[ko'lʲaða], [lʲa'βaðo]
máquina (f) de lavar	lavadora (f)	[lʲaβa'ðora]
lavar a roupa	lavar la ropa	[lʲa'βar lʲa 'ropa]
detergente (m)	detergente (m) en polvo	[deter'χente en 'polʲβo]

73. Eletrodomésticos

televisor (m)	televisor (m)	[teleβi'sor]
gravador (m)	magnetófono (m)	[maɣne'tofono]
videogravador (m)	vídeo (m)	['biðeo]
rádio (m)	radio (m)	['raðio]
leitor (m)	reproductor (m)	[reproðuk'tor]

projetor (m)	proyector (m) de vídeo	[projek'tor de 'biðeo]
cinema (m) em casa	sistema (m) home cinema	[sis'tema 'χoum 'θinema]
leitor (m) de DVD	reproductor (m) de DVD	reproðuk'tor de deβe'de]
amplificador (m)	amplificador (m)	[amplifika'ðor]
console (f) de jogos	videoconsola (f)	[biðeo·kon'solʲa]

câmara (f) de vídeo	cámara (f) de vídeo	['kamara de 'biðeo]
máquina (f) fotográfica	cámara (f) fotográfica	['kamara foto'ɣrafika]
câmara (f) digital	cámara (f) digital	['kamara diχi'talʲ]

aspirador (m)	aspirador (m), aspiradora (f)	[aspira'ðor], [aspira'ðora]
ferro (m) de engomar	plancha (f)	['plʲanʧa]
tábua (f) de engomar	tabla (f) de planchar	['taβlʲa de plʲan'ʧar]

telefone (m)	teléfono (m)	[te'lefono]
telemóvel (m)	teléfono (m) móvil	[te'lefono 'moβilʲ]
máquina (f) de escrever	máquina (f) de escribir	['makina de eskri'βir]
máquina (f) de costura	máquina (f) de coser	['makina de ko'ser]

microfone (m)	micrófono (m)	[mi'krofono]
auscultadores (m pl)	auriculares (m pl)	[auriku'lʲares]
controlo remoto (m)	mando (m) a distancia	['mando a dis'tanθia]

CD (m)	disco compacto (m)	['disko kom'pakto]
cassete (f)	casete (m)	[ka'sete]
disco (m) de vinil	disco (m) de vinilo	['disko de bi'nilʲo]

A TERRA. TEMPO

74. Espaço sideral

cosmos (m)	cosmos (m)	['kosmos]
cósmico	espacial, cósmico (adj)	[espa'θjalʲ], ['kosmiko]
espaço (m) cósmico	espacio (m) cósmico	[es'paθjo 'kosmiko]
mundo (m)	mundo (m)	['mundo]
universo (m)	universo (m)	[uni'βerso]
galáxia (f)	galaxia (f)	[ga'lʲaksia]
estrela (f)	estrella (f)	[es'treja]
constelação (f)	constelación (f)	[konstelʲa'θjon]
planeta (m)	planeta (m)	[plʲa'neta]
satélite (m)	satélite (m)	[sa'telite]
meteorito (m)	meteorito (m)	[meteo'rito]
cometa (m)	cometa (m)	[ko'meta]
asteroide (m)	asteroide (m)	[aste'roiðe]
órbita (f)	órbita (f)	['orβita]
girar (vi)	girar (vi)	[χi'rar]
atmósfera (f)	atmósfera (f)	[að'mosfera]
Sol (m)	Sol (m)	[solʲ]
Sistema (m) Solar	sistema (m) solar	[sis'tema so'lʲar]
eclipse (m) solar	eclipse (m) de Sol	[e'klipse de solʲ]
Terra (f)	Tierra (f)	['tjera]
Lua (f)	Luna (f)	['lʲuna]
Marte (m)	Marte (m)	['marte]
Vénus (f)	Venus (f)	['benus]
Júpiter (m)	Júpiter (m)	['χupiter]
Saturno (m)	Saturno (m)	[sa'turno]
Mercúrio (m)	Mercurio (m)	[mer'kurio]
Urano (m)	Urano (m)	[u'rano]
Neptuno (m)	Neptuno (m)	[nep'tuno]
Plutão (m)	Plutón (m)	[plʲu'ton]
Via Láctea (f)	la Vía Láctea	[lʲa 'bia 'lʲaktea]
Ursa Maior (f)	la Osa Mayor	[lʲa 'osa ma'jor]
Estrela Polar (f)	la Estrella Polar	[lʲa es'treja po'lʲar]
marciano (m)	marciano (m)	[mar'θjano]
extraterrestre (m)	extraterrestre (m)	[ekstrate'restre]

alienígena (m)	planetícola (m)	[plʲane'tikolʲa]
disco (m) voador	platillo (m) volante	[plʲa'tijo bo'lʲante]
nave (f) espacial	nave (f) espacial	['naβe espa'θjalʲ]
estação (f) orbital	estación (f) orbital	[esta'θjon orβi'talʲ]
lançamento (m)	despegue (m)	[des'pege]

motor (m)	motor (m)	[mo'tor]
bocal (m)	tobera (f)	[to'βera]
combustível (m)	combustible (m)	[kombus'tiβle]

cabine (f)	carlinga (f)	[kar'linga]
antena (f)	antena (f)	[an'tena]
vigia (f)	ventana (f)	[ben'tana]
bateria (f) solar	batería (f) solar	[bate'ria so'lʲar]
traje (m) espacial	escafandra (f)	[eska'fandra]

imponderabilidade (f)	ingravidez (f)	[ingraβi'ðeθ]
oxigénio (m)	oxígeno (m)	[o'ksiχeno]

acoplagem (f)	atraque (m)	[a'trake]
fazer uma acoplagem	realizar el atraque	[reali'θar elʲ a'trake]

observatório (m)	observatorio (m)	[oβserβa'torio]
telescópio (m)	telescopio (m)	[teles'kopio]
observar (vt)	observar (vt)	[oβser'βar]
explorar (vt)	explorar (vt)	[eksplʲo'rar]

75. A Terra

Terra (f)	Tierra (f)	['tjera]
globo terrestre (Terra)	globo (m) terrestre	['glʲoβo te'restre]
planeta (m)	planeta (m)	[plʲa'neta]

atmosfera (f)	atmósfera (f)	[að'mosfera]
geografia (f)	geografía (f)	[χeoɣra'fia]
natureza (f)	naturaleza (f)	[natura'leθa]

globo (mapa esférico)	globo (m) terráqueo	['glʲoβo te'rakeo]
mapa (m)	mapa (m)	['mapa]
atlas (m)	atlas (m)	['atlʲas]

Europa (f)	Europa (f)	[eu'ropa]
Ásia (f)	Asia (f)	['asia]

África (f)	África (f)	['afrika]
Austrália (f)	Australia (f)	[aus'tralia]

América (f)	América (f)	[a'merika]
América (f) do Norte	América (f) del Norte	[a'merika delʲ 'norte]
América (f) do Sul	América (f) del Sur	[a'merika delʲ 'sur]

Antártida (f)	Antártida (f)	[an'tartiða]
Ártico (m)	Ártico (m)	['artiko]

76. Pontos cardeais

norte (m)	norte (m)	['norte]
para norte	al norte	[alʲ 'norte]
no norte	en el norte	[en elʲ 'norte]
do norte	del norte (adj)	[delʲ 'norte]
sul (m)	sur (m)	[sur]
para sul	al sur	[alʲ sur]
no sul	en el sur	[en elʲ sur]
do sul	del sur (adj)	[delʲ sur]
oeste, ocidente (m)	oeste (m)	[o'este]
para oeste	al oeste	[alʲ o'este]
no oeste	en el oeste	[en elʲ o'este]
ocidental	del oeste (adj)	[delʲ o'este]
leste, oriente (m)	este (m)	['este]
para leste	al este	[alʲ 'este]
no leste	en el este	[en elʲ 'este]
oriental	del este (adj)	[delʲ 'este]

77. Mar. Oceano

mar (m)	mar (m)	[mar]
oceano (m)	océano (m)	[o'θeano]
golfo (m)	golfo (m)	['golʲfo]
estreito (m)	estrecho (m)	[es'tretʃo]
terra (f) firme	tierra (f) firme	['tjera 'firme]
continente (m)	continente (m)	[konti'nente]
ilha (f)	isla (f)	['islʲa]
península (f)	península (f)	[pe'ninsulʲa]
arquipélago (m)	archipiélago (m)	[artʃipi'elʲago]
baía (f)	bahía (f)	[ba'ia]
porto (m)	ensenada, bahía (f)	[ba'ia]
lagoa (f)	laguna (f)	[lʲa'guna]
cabo (m)	cabo (m)	['kaβo]
atol (m)	atolón (m)	[ato'lʲon]
recife (m)	arrecife (m)	[are'θife]
coral (m)	coral (m)	[ko'ralʲ]
recife (m) de coral	arrecife (m) de coral	[are'θife de ko'ralʲ]
profundo	profundo (adj)	[pro'fundo]
profundidade (f)	profundidad (f)	[profundi'ðað]
abismo (m)	abismo (m)	[a'βismo]
fossa (f) oceânica	fosa (f) oceánica	['fosa oθe'anika]
corrente (f)	corriente (f)	[ko'rjente]
banhar (vt)	bañar (vt)	[ba'njar]
litoral (m)	orilla (f)	[o'rija]

costa (f)	costa (f)	['kosta]
maré (f) alta	flujo (m)	['flʲuχo]
refluxo (m), maré (f) baixa	reflujo (m)	[re'flʲuχo]
restinga (f)	banco (m) de arena	['baŋko de a'rena]
fundo (m)	fondo (m)	['fondo]
onda (f)	ola (f)	['olʲa]
crista (f) da onda	cresta (f) de la ola	['kresta de lʲa 'olʲa]
espuma (f)	espuma (f)	[es'puma]
tempestade (f)	tempestad (f)	[tempes'tað]
furacão (m)	huracán (m)	[ura'kan]
tsunami (m)	tsunami (m)	[tsu'nami]
calmaria (f)	bonanza (f)	[bo'nanθa]
calmo	calmo, tranquilo (adj)	['kalʲmo], [traŋ'kilʲo]
polo (m)	polo (m)	['polʲo]
polar	polar (adj)	[po'lʲar]
latitude (f)	latitud (f)	[lʲati'tuð]
longitude (f)	longitud (f)	[lʲonχi'tuð]
paralela (f)	paralelo (m)	[para'lelʲo]
equador (m)	ecuador (m)	[ekua'ðor]
céu (m)	cielo (m)	['θjelʲo]
horizonte (m)	horizonte (m)	[ori'θonte]
ar (m)	aire (m)	['aire]
farol (m)	faro (m)	['faro]
mergulhar (vi)	bucear (vi)	[buθe'ar]
afundar-se (vr)	hundirse (vr)	[un'dirse]
tesouros (m pl)	tesoros (m pl)	[te'soros]

78. Nomes de Mares e Oceanos

Oceano (m) Atlântico	océano (m) Atlántico	[o'θeano at'lʲantiko]
Oceano (m) Índico	océano (m) Índico	[o'θeano 'indiko]
Oceano (m) Pacífico	océano (m) Pacífico	[o'θeano pa'sifiko]
Oceano (m) Ártico	océano (m) Glacial Ártico	[o'θeano glʲa'θjalʲ 'artiko]
Mar (m) Negro	mar (m) Negro	[mar 'neɣro]
Mar (m) Vermelho	mar (m) Rojo	[mar 'roχo]
Mar (m) Amarelo	mar (m) Amarillo	[mar ama'rijo]
Mar (m) Branco	mar (m) Blanco	[mar 'blʲaŋko]
Mar (m) Cáspio	mar (m) Caspio	[mar 'kaspio]
Mar (m) Morto	mar (m) Muerto	[mar mu'erto]
Mar (m) Mediterrâneo	mar (m) Mediterráneo	[mar meðite'raneo]
Mar (m) Egeu	mar (m) Egeo	[mar e'χeo]
Mar (m) Adriático	mar (m) Adriático	[mar aðri'atiko]
Mar (m) Arábico	mar (m) Arábigo	[mar a'raβigo]
Mar (m) do Japão	mar (m) del Japón	[mar delʲ χa'pon]

Mar (m) de Bering	**mar** (m) **de Bering**	[mar de 'beriŋ]
Mar (m) da China Meridional	**mar** (m) **de la China Meridional**	[mar de lʲa 'ʃina meriðjo'nalʲ]
Mar (m) de Coral	**mar** (m) **del Coral**	[mar delʲ ko'ralʲ]
Mar (m) de Tasman	**mar** (m) **de Tasmania**	[mar de tas'mania]
Mar (m) do Caribe	**mar** (m) **Caribe**	[mar kari'βe]
Mar (m) de Barents	**mar** (m) **de Barents**	[mar de ba'rents]
Mar (m) de Kara	**mar** (m) **de Kara**	[mar de 'kara]
Mar (m) do Norte	**mar** (m) **del Norte**	['mar delʲ 'norte]
Mar (m) Báltico	**mar** (m) **Báltico**	[mar 'baltiko]
Mar (m) da Noruega	**mar** (m) **de Noruega**	[mar de noru'ega]

79. Montanhas

montanha (f)	**montaña** (f)	[mon'tanja]
cordilheira (f)	**cadena** (f) **de montañas**	[ka'ðena de mon'tanjas]
serra (f)	**cresta** (f) **de montañas**	['kresta de mon'tanjas]
cume (m)	**cima** (f)	['θima]
pico (m)	**pico** (m)	['piko]
sopé (m)	**pie** (m)	[pje]
declive (m)	**cuesta** (f)	[ku'esta]
vulcão (m)	**volcán** (m)	[bolʲ'kan]
vulcão (m) ativo	**volcán** (m) **activo**	[bolʲ'kan ak'tiβo]
vulcão (m) extinto	**volcán** (m) **apagado**	[bolʲ'kan apa'gaðo]
erupção (f)	**erupción** (f)	[erup'θjon]
cratera (f)	**cráter** (m)	['krater]
magma (m)	**magma** (m)	['maɣma]
lava (f)	**lava** (f)	['lʲaβa]
fundido (lava ~a)	**fundido** (adj)	[fun'diðo]
desfiladeiro (m)	**cañón** (m)	[ka'njon]
garganta (f)	**desfiladero** (m)	[desfilʲa'ðero]
fenda (f)	**grieta** (f)	[gri'eta]
precipício (m)	**precipicio** (m)	[preθi'piθio]
passo, colo (m)	**puerto** (m)	[pu'erto]
planalto (m)	**meseta** (f)	[me'seta]
falésia (f)	**roca** (f)	['roka]
colina (f)	**colina** (f)	[ko'lina]
glaciar (m)	**glaciar** (m)	[glʲa'θjar]
queda (f) d'água	**cascada** (f)	[kas'kaða]
géiser (m)	**geiser** (m)	['χejser]
lago (m)	**lago** (m)	['lʲago]
planície (f)	**llanura** (f)	[ja'nura]
paisagem (f)	**paisaje** (m)	[paj'saχe]
eco (m)	**eco** (m)	['eko]

alpinista (m)	alpinista (m)	[alˈpiˈnista]
escalador (m)	escalador (m)	[eskalˈaˈðor]
conquistar (vt)	conquistar (vt)	[koŋkisˈtar]
subida, escalada (f)	ascensión (f)	[aθenˈsjon]

80. Nomes de montanhas

Alpes (m pl)	Alpes (m pl)	[ˈalʲpes]
monte Branco (m)	Montblanc (m)	[monˈblʲank]
Pirineus (m pl)	Pirineos (m pl)	[piriˈneos]
Cárpatos (m pl)	Cárpatos (m pl)	[ˈkarpatos]
montes (m pl) Urais	Urales (m pl)	[uˈrales]
Cáucaso (m)	Cáucaso (m)	[ˈkaukaso]
Elbrus (m)	Elbrus (m)	[ˈelʲβrus]
Altai (m)	Altai (m)	[alʲˈtaj]
Tian Shan (m)	Tian-Shan (m)	[ˈtjan ˈʃan]
Pamir (m)	Pamir (m)	[paˈmir]
Himalaias (m pl)	Himalayos (m pl)	[imaˈlʲajos]
monte (m) Everest	Everest (m)	[eβeˈrest]
Cordilheira (f) dos Andes	Andes (m pl)	[ˈandes]
Kilimanjaro (m)	Kilimanjaro (m)	[kilimanˈχaro]

81. Rios

rio (m)	río (m)	[ˈrio]
fonte, nascente (f)	manantial (m)	[mananˈtjalʲ]
leito (m) do rio	lecho (m)	[ˈletʃo]
bacia (f)	cuenca (f) fluvial	[kuˈeŋka flʲuˈβjalʲ]
desaguar no ...	desembocar en ...	[desemboˈkar en]
afluente (m)	afluente (m)	[aflʲuˈente]
margem (do rio)	orilla (f), ribera (f)	[oˈrija], [riˈβera]
corrente (f)	corriente (f)	[koˈrjente]
rio abaixo	río abajo (adv)	[ˈrio aˈβaχo]
rio acima	río arriba (adv)	[ˈrio aˈriβa]
inundação (f)	inundación (f)	[inundaˈθjon]
cheia (f)	riada (f)	[ˈrjaða]
transbordar (vi)	desbordarse (vr)	[desβorˈðarse]
inundar (vt)	inundar (vt)	[inunˈdar]
banco (m) de areia	bajo (m) arenoso	[ˈbaχo areˈnoso]
rápidos (m pl)	rápido (m)	[ˈrapiðo]
barragem (f)	presa (f)	[ˈpresa]
canal (m)	canal (m)	[kaˈnalʲ]
reservatório (m) de água	lago (m) artificiale	[ˈlʲago artifiˈθjale]
eclusa (f)	esclusa (f)	[esˈklʲusa]

corpo (m) de água	cuerpo (m) de agua	[ku'erpo de 'agua]
pântano (m)	pantano (m)	[pan'tano]
tremedal (m)	ciénaga (f)	['θjenaga]
remoinho (m)	remolino (m)	[remo'lino]

arroio, regato (m)	arroyo (m)	[a'rojo]
potável	potable (adj)	[po'taβle]
doce (água)	dulce (adj)	['dulʲθe]

gelo (m)	hielo (m)	['jelʲo]
congelar-se (vr)	helarse (vr)	[e'lʲarse]

82. Nomes de rios

rio Sena (m)	Sena (m)	['sena]
rio Loire (m)	Loira (m)	['lʲojra]

rio Tamisa (m)	Támesis (m)	['tamesis]
rio Reno (m)	Rin (m)	[rin]
rio Danúbio (m)	Danubio (m)	[da'nuβio]

rio Volga (m)	Volga (m)	['bolʲga]
rio Don (m)	Don (m)	[don]
rio Lena (m)	Lena (m)	['lena]

rio Amarelo (m)	Río (m) Amarillo	['rio ama'rijo]
rio Yangtzé (m)	Río (m) Azul	['rio a'θulʲ]
rio Mekong (m)	Mekong (m)	[me'kong]
rio Ganges (m)	Ganges (m)	['ganges]

rio Nilo (m)	Nilo (m)	['nilʲo]
rio Congo (m)	Congo (m)	['kongo]
rio Cubango (m)	Okavango (m)	[oka'βango]
rio Zambeze (m)	Zambeze (m)	[sam'beθe]
rio Limpopo (m)	Limpopo (m)	[limpo'po]
rio Mississípi (m)	Misisipi (m)	[misi'sipi]

83. Floresta

floresta (f), bosque (m)	bosque (m)	['boske]
florestal	de bosque (adj)	[de 'boske]

mata (f) cerrada	espesura (f)	[espe'sura]
arvoredo (m)	bosquecillo (m)	[bokse'θijo]
clareira (f)	claro (m)	['klʲaro]

matagal (m)	maleza (f)	[ma'leθa]
mato (m)	matorral (m)	[mato'ralʲ]

vereda (f)	senda (f)	['senda]
ravina (f)	barranco (m)	[ba'raŋko]
árvore (f)	árbol (m)	['arβolʲ]

folha (f)	hoja (f)	['oχa]
folhagem (f)	follaje (m)	[fo'jaχe]
queda (f) das folhas	caída (f) de hojas	[ka'iða de 'oχas]
cair (vi)	caer (vi)	[ka'er]
topo (m)	cima (f)	['θima]
ramo (m)	rama (f)	['rama]
galho (m)	rama (f)	['rama]
botão, rebento (m)	brote (m)	['brote]
agulha (f)	aguja (f)	[a'guχa]
pinha (f)	piña (f)	['pinja]
buraco (m) de árvore	agujero (m)	[agu'χero]
ninho (m)	nido (m)	['niðo]
tronco (m)	tronco (m)	['troŋko]
raiz (f)	raíz (f)	[ra'iθ]
casca (f) de árvore	corteza (f)	[kor'teθa]
musgo (m)	musgo (m)	['musgo]
arrancar pela raiz	extirpar (vt)	[estir'par]
cortar (vt)	talar (vt)	[ta'lʲar]
desflorestar (vt)	deforestar (vt)	[defores'tar]
toco, cepo (m)	tocón (m)	[to'kon]
fogueira (f)	hoguera (f)	[o'gera]
incêndio (m) florestal	incendio (m) forestal	[in'θendjo fores'talʲ]
apagar (vt)	apagar (vt)	[apa'gar]
guarda-florestal (m)	guarda (m) forestal	[gu'arða fores'talʲ]
proteção (f)	protección (f)	[protek'θjon]
proteger (a natureza)	proteger (vt)	[prote'χer]
caçador (m) furtivo	cazador (m) furtivo	[kaθa'ðor fur'tiβo]
armadilha (f)	cepo (m)	['θepo]
colher (cogumelos, bagas)	recoger (vt)	[reko'χer]
perder-se (vr)	perderse (vr)	[per'ðerse]

84. Recursos naturais

recursos (m pl) naturais	recursos (m pl) naturales	[re'kursos natu'rales]
minerais (m pl)	recursos (m pl) subterráneos	[re'kursos suβte'raneos]
depósitos (m pl)	depósitos (m pl)	[de'positos]
jazida (f)	yacimiento (m)	[jaθi'mjento]
extrair (vt)	extraer (vt)	[ekstra'er]
extração (f)	extracción (f)	[ekstrak'θjon]
minério (m)	mena (f)	['mena]
mina (f)	mina (f)	['mina]
poço (m) de mina	pozo (m) de mina	['poθo de 'mina]
mineiro (m)	minero (m)	[mi'nero]
gás (m)	gas (m)	[gas]
gasoduto (m)	gasoducto (m)	[gaso'ðukto]

petróleo (m)	petróleo (m)	[pe'troleo]
oleoduto (m)	oleoducto (m)	[oleo'ðukto]
poço (m) de petróleo	pozo (m) de petróleo	['poθo de pe'troleo]
torre (f) petrolífera	torre (f) de sondeo	['tore de son'deo]
petroleiro (m)	petrolero (m)	[petro'lero]
areia (f)	arena (f)	[a'rena]
calcário (m)	caliza (f)	[ka'liθa]
cascalho (m)	grava (f)	['graβa]
turfa (f)	turba (f)	['turβa]
argila (f)	arcilla (f)	[ar'θija]
carvão (m)	carbón (m)	[kar'βon]
ferro (m)	hierro (m)	['jero]
ouro (m)	oro (m)	['oro]
prata (f)	plata (f)	['plʲata]
níquel (m)	níquel (m)	['nikelʲ]
cobre (m)	cobre (m)	['koβre]
zinco (m)	zinc (m)	[θiŋk]
manganês (m)	manganeso (m)	[manga'neso]
mercúrio (m)	mercurio (m)	[mer'kurio]
chumbo (m)	plomo (m)	['plʲomo]
mineral (m)	mineral (m)	[mine'ralʲ]
cristal (m)	cristal (m)	[kris'talʲ]
mármore (m)	mármol (m)	['marmolʲ]
urânio (m)	uranio (m)	[u'ranio]

85. Tempo

tempo (m)	tiempo (m)	['tjempo]
previsão (f) do tempo	previsión (f) del tiempo	[preβi'sjon delʲ 'tjempo]
temperatura (f)	temperatura (f)	[tempera'tura]
termómetro (m)	termómetro (m)	[ter'mometro]
barómetro (m)	barómetro (m)	[ba'rometro]
húmido	húmedo (adj)	['umeðo]
humidade (f)	humedad (f)	[ume'ðað]
calor (m)	bochorno (m)	[bo'ʧorno]
cálido	tórrido (adj)	['toriðo]
está muito calor	hace mucho calor	['aθe 'muʧo ka'lʲor]
está calor	hace calor	['aθe ka'lʲor]
quente	templado (adj)	[tem'plʲaðo]
está frio	hace frío	['aθe 'frio]
frio	frío (adj)	['frio]
sol (m)	sol (m)	[solʲ]
brilhar (vi)	brillar (vi)	[bri'jar]
de sol, ensolarado	soleado (adj)	[sole'aðo]
nascer (vi)	elevarse (vr)	[ele'βarse]
pôr-se (vr)	ponerse (vr)	[po'nerse]

nuvem (f)	nube (f)	['nuβe]
nublado	nuboso (adj)	[nu'βoso]
nuvem (f) preta	nubarrón (m)	[nuβa'ron]
escuro, cinzento	nublado (adj)	[nu'βlʲaðo]
chuva (f)	lluvia (f)	['juβia]
está a chover	está lloviendo	[es'ta jo'βjendo]
chuvoso	lluvioso (adj)	[juβi'oso]
chuviscar (vi)	lloviznar (vi)	[joβiθ'nar]
chuva (f) torrencial	aguacero (m)	[agua'θero]
chuvada (f)	chaparrón (m)	[ʧapa'ron]
forte (chuva)	fuerte (adj)	[fu'erte]
poça (f)	charco (m)	['ʧarko]
molhar-se (vr)	mojarse (vr)	[mo'χarse]
nevoeiro (m)	niebla (f)	['njeβlʲa]
de nevoeiro	nebuloso (adj)	[neβu'lʲoso]
neve (f)	nieve (f)	['njeβe]
está a nevar	está nevando	[es'ta ne'βando]

86. Tempo extremo. Catástrofes naturais

trovoada (f)	tormenta (f)	[tor'menta]
relâmpago (m)	relámpago (m)	[re'lʲampago]
relampejar (vi)	relampaguear (vi)	[relʲampage'ar]
trovão (m)	trueno (m)	[tru'eno]
trovejar (vi)	tronar (vi)	[tro'nar]
está a trovejar	está tronando	[es'ta tro'nando]
granizo (m)	granizo (m)	[gra'niθo]
está a cair granizo	está granizando	[es'ta grani'θando]
inundar (vt)	inundar (vt)	[inun'dar]
inundação (f)	inundación (f)	[inunda'θjon]
terremoto (m)	terremoto (m)	[tere'moto]
abalo, tremor (m)	sacudida (f)	[saku'ðiða]
epicentro (m)	epicentro (m)	[epi'θentro]
erupção (f)	erupción (f)	[erup'θjon]
lava (f)	lava (f)	['lʲaβa]
turbilhão (m)	torbellino (m)	[torβe'jino]
tornado (m)	tornado (m)	[tor'naðo]
tufão (m)	tifón (m)	[ti'fon]
furacão (m)	huracán (m)	[ura'kan]
tempestade (f)	tempestad (f)	[tempes'tað]
tsunami (m)	tsunami (m)	[tsu'nami]
ciclone (m)	ciclón (m)	[θik'lʲon]
mau tempo (m)	mal tiempo (m)	[malʲ 'tjempo]

incêndio (m)	**incendio** (m)	[in'θendio]
catástrofe (f)	**catástrofe** (f)	[ka'tastrofe]
meteorito (m)	**meteorito** (m)	[meteo'rito]
avalanche (f)	**avalancha** (f)	[aβa'lʲantʃa]
deslizamento (m) de neve	**alud** (m) **de nieve**	[alʲuð de 'njeβe]
nevasca (f)	**ventisca** (f)	[ben'tiska]
tempestade (f) de neve	**nevasca** (f)	[ne'βaska]

FAUNA

87. Mamíferos. Predadores

predador (m)	carnívoro (m)	[kar'niβoro]
tigre (m)	tigre (m)	['tiɣre]
leão (m)	león (m)	[le'on]
lobo (m)	lobo (m)	['lʲoβo]
raposa (f)	zorro (m)	['θoro]
jaguar (m)	jaguar (m)	[χagu'ar]
leopardo (m)	leopardo (m)	[leo'parðo]
chita (f)	guepardo (m)	[ge'parðo]
pantera (f)	pantera (f)	[pan'tera]
puma (m)	puma (f)	['puma]
leopardo-das-neves (m)	leopardo (m) de las nieves	[leo'parðo de lʲas 'njeβes]
lince (m)	lince (m)	['linθe]
coiote (m)	coyote (m)	[ko'jote]
chacal (m)	chacal (m)	[ʧa'kalʲ]
hiena (f)	hiena (f)	['jena]

88. Animais selvagens

animal (m)	animal (m)	[ani'malʲ]
besta (f)	bestia (f)	['bestia]
esquilo (m)	ardilla (f)	[ar'ðija]
ouriço (m)	erizo (m)	[e'riθo]
lebre (f)	liebre (f)	['lʲjeβre]
coelho (m)	conejo (m)	[ko'neχo]
texugo (m)	tejón (m)	[te'χon]
guaxinim (m)	mapache (m)	[ma'paʧe]
hamster (m)	hámster (m)	['χamster]
marmota (f)	marmota (f)	[mar'mota]
toupeira (f)	topo (m)	['topo]
rato (m)	ratón (m)	[ra'ton]
ratazana (f)	rata (f)	['rata]
morcego (m)	murciélago (m)	[mur'θjelʲago]
arminho (m)	armiño (m)	[ar'minjo]
zibelina (f)	cebellina (f)	[θeβe'jina]
marta (f)	marta (f)	['marta]
doninha (f)	comadreja (f)	[koma'ðreχa]
vison (m)	visón (m)	[bi'son]

castor (m)	castor (m)	[kas'tor]
lontra (f)	nutria (f)	['nutria]
cavalo (m)	caballo (m)	[ka'βajo]
alce (m)	alce (m)	['alˡθe]
veado (m)	ciervo (m)	['θjerβo]
camelo (m)	camello (m)	[ka'mejo]
bisão (m)	bisonte (m)	[bi'sonte]
auroque (m)	uro (m)	['uro]
búfalo (m)	búfalo (m)	['bufalˡo]
zebra (f)	cebra (f)	['θeβra]
antílope (m)	antílope (m)	[an'tilˡope]
corça (f)	corzo (m)	['korθo]
gamo (m)	gamo (m)	['gamo]
camurça (f)	gamuza (f)	[ga'muθa]
javali (m)	jabalí (m)	[χaβa'li]
baleia (f)	ballena (f)	[ba'jena]
foca (f)	foca (f)	['foka]
morsa (f)	morsa (f)	['morsa]
urso-marinho (m)	oso (m) marino	['oso ma'rino]
golfinho (m)	delfín (m)	[delˡ'fin]
urso (m)	oso (m)	['oso]
urso (m) branco	oso (m) blanco	['oso 'blˡaŋko]
panda (m)	panda (f)	['panda]
macaco (em geral)	mono (m)	['mono]
chimpanzé (m)	chimpancé (m)	[ʧimpan'se]
orangotango (m)	orangután (m)	[orangu'tan]
gorila (m)	gorila (m)	[go'rilja]
macaco (m)	macaco (m)	[ma'kako]
gibão (m)	gibón (m)	[χi'βon]
elefante (m)	elefante (m)	[ele'fante]
rinoceronte (m)	rinoceronte (m)	[rinoθe'ronte]
girafa (f)	jirafa (f)	[χi'rafa]
hipopótamo (m)	hipopótamo (m)	[ipo'potamo]
canguru (m)	canguro (m)	[kan'guro]
coala (m)	koala (f)	[ko'alˡa]
mangusto (m)	mangosta (f)	[man'gosta]
chinchila (m)	chinchilla (f)	[ʧin'ʧija]
doninha-fedorenta (f)	mofeta (f)	[mo'feta]
porco-espinho (m)	espín (m)	[es'pin]

89. Animais domésticos

gata (f)	gata (f)	['gata]
gato (m) macho	gato (m)	['gato]
cão (m)	perro (m)	['pero]

cavalo (m)	**caballo** (m)	[ka'βajo]
garanhão (m)	**garañón** (m)	[gara'njon]
égua (f)	**yegua** (f)	['jegua]
vaca (f)	**vaca** (f)	['baka]
touro (m)	**toro** (m)	['toro]
boi (m)	**buey** (m)	[bu'ej]
ovelha (f)	**oveja** (f)	[o'βeχa]
carneiro (m)	**carnero** (m)	[kar'nero]
cabra (f)	**cabra** (f)	['kaβra]
bode (m)	**cabrón** (m)	[ka'βron]
burro (m)	**asno** (m)	['asno]
mula (f)	**mulo** (m)	['mulʲo]
porco (m)	**cerdo** (m)	['θerðo]
leitão (m)	**cerdito** (m)	[θer'ðito]
coelho (m)	**conejo** (m)	[ko'neχo]
galinha (f)	**gallina** (f)	[ga'jina]
galo (m)	**gallo** (m)	['gajo]
pata (f)	**pato** (m)	['pato]
pato (macho)	**ánade** (m)	['anaðe]
ganso (m)	**ganso** (m)	['ganso]
peru (m)	**pavo** (m)	['paβo]
perua (f)	**pava** (f)	['paβa]
animais (m pl) domésticos	**animales** (m pl) **domésticos**	[ani'males do'mestikos]
domesticado	**domesticado** (adj)	[domesti'kaðo]
domesticar (vt)	**domesticar** (vt)	[domesti'kar]
criar (vt)	**criar** (vt)	[kri'ar]
quinta (f)	**granja** (f)	['granχa]
aves (f pl) domésticas	**aves** (f pl) **de corral**	['aβes de ko'ralʲ]
gado (m)	**ganado** (m)	[ga'njaðo]
rebanho (m), manada (f)	**rebaño** (m)	[re'βanjo]
estábulo (m)	**caballeriza** (f)	[kaβaje'riθa]
pocilga (f)	**porqueriza** (f)	[porke'riθa]
estábulo (m)	**vaquería** (f)	[bake'ria]
coelheira (f)	**conejal** (m)	[kone'χalʲ]
galinheiro (m)	**gallinero** (m)	[gaji'nero]

90. Pássaros

pássaro (m), ave (f)	**pájaro** (m)	['paχaro]
pombo (m)	**paloma** (f)	[pa'lʲoma]
pardal (m)	**gorrión** (m)	[gori'jon]
chapim-real (m)	**carbonero** (m)	[karβo'nero]
pega-rabuda (f)	**urraca** (f)	[u'raka]
corvo (m)	**cuervo** (m)	[ku'erβo]

gralha (f) cinzenta	corneja (f)	[kor'neχa]
gralha-de-nuca-cinzenta (f)	chova (f)	['ʧoβa]
gralha-calva (f)	grajo (m)	['graχo]
pato (m)	pato (m)	['pato]
ganso (m)	ganso (m)	['ganso]
faisão (m)	faisán (m)	[faj'san]
águia (f)	águila (f)	['agiˡa]
açor (m)	azor (m)	[a'θor]
falcão (m)	halcón (m)	[alˡ'kon]
abutre (m)	buitre (m)	[bu'itre]
condor (m)	cóndor (m)	['kondor]
cisne (m)	cisne (m)	['θisne]
grou (m)	grulla (f)	['gruja]
cegonha (f)	cigüeña (f)	[θiɣu'enja]
papagaio (m)	loro (m), papagayo (m)	['lˡoro], [papa'gajo]
beija-flor (m)	colibrí (m)	[koli'βri]
pavão (m)	pavo (m) real	['paβo re'alˡ]
avestruz (m)	avestruz (m)	[aβes'truθ]
garça (f)	garza (f)	['garθa]
flamingo (m)	flamenco (m)	[flˡa'meŋko]
pelicano (m)	pelícano (m)	[pe'likano]
rouxinol (m)	ruiseñor (m)	[ruise'njor]
andorinha (f)	golondrina (f)	[golˡon'drina]
tordo-zornal (m)	tordo (m)	['torðo]
tordo-músico (m)	zorzal (m)	[θor'θalˡ]
melro-preto (m)	mirlo (m)	['mirlˡo]
andorinhão (m)	vencejo (m)	[ben'θeχo]
cotovia (f)	alondra (f)	[a'lˡondra]
codorna (f)	codorniz (f)	[koðor'niθ]
pica-pau (m)	pájaro carpintero (m)	['paχaro karpin'tero]
cuco (m)	cuco (m)	['kuko]
coruja (f)	lechuza (f)	[le'ʧuθa]
corujão, bufo (m)	búho (m)	['buo]
tetraz-grande (m)	urogallo (m)	[uro'gajo]
tetraz-lira (m)	gallo lira (m)	['gajo 'lira]
perdiz-cinzenta (f)	perdiz (f)	[per'ðiθ]
estorninho (m)	estornino (m)	[estor'nino]
canário (m)	canario (m)	[ka'nario]
galinha-do-mato (f)	ortega (f)	[or'tega]
tentilhão (m)	pinzón (m)	[pin'θon]
dom-fafe (m)	camachuelo (m)	[kamaʧu'elˡo]
gaivota (f)	gaviota (f)	[ga'βjota]
albatroz (m)	albatros (m)	[alˡ'βatros]
pinguim (m)	pingüino (m)	[pingu'ino]

91. Peixes. Animais marinhos

brema (f)	brema (f)	['brema]
carpa (f)	carpa (f)	['karpa]
perca (f)	perca (f)	['perka]
siluro (m)	siluro (m)	[si'ǉuro]
lúcio (m)	lucio (m)	['ǉuθio]
salmão (m)	salmón (m)	[salʲ'mon]
esturjão (m)	esturión (m)	[estu'rjon]
arenque (m)	arenque (m)	[a'reŋke]
salmão (m)	salmón (m) del Atlántico	[salʲ'mon delʲ at'ǉantiko]
cavala, sarda (f)	caballa (f)	[ka'βaja]
solha (f)	lenguado (m)	[lengu'aðo]
lúcio perca (m)	lucioperca (f)	[ǉuθjo'perka]
bacalhau (m)	bacalao (m)	[baka'ǉao]
atum (m)	atún (m)	[a'tun]
truta (f)	trucha (f)	['trutʃa]
enguia (f)	anguila (f)	[an'giǉa]
raia elétrica (f)	raya (f) eléctrica	['raja e'lektrika]
moreia (f)	morena (f)	[mo'rena]
piranha (f)	piraña (f)	[pi'ranja]
tubarão (m)	tiburón (m)	[tiβu'ron]
golfinho (m)	delfín (m)	[delʲ'fin]
baleia (f)	ballena (f)	[ba'jena]
caranguejo (m)	centolla (f)	[θen'toja]
medusa, alforreca (f)	medusa (f)	[me'ðusa]
polvo (m)	pulpo (m)	['pulʲpo]
estrela-do-mar (f)	estrella (f) de mar	[es'treja de mar]
ouriço-do-mar (m)	erizo (m) de mar	[e'riθo de mar]
cavalo-marinho (m)	caballito (m) de mar	[kaβa'jito de mar]
ostra (f)	ostra (f)	['ostra]
camarão (m)	camarón (m)	[kama'ron]
lavagante (m)	bogavante (m)	[boga'βante]
lagosta (f)	langosta (f)	[ǉan'gosta]

92. Amfíbios. Répteis

serpente, cobra (f)	serpiente (f)	[ser'pjente]
venenoso	venenoso (adj)	[bene'noso]
víbora (f)	víbora (f)	['biβora]
cobra-capelo, naja (f)	cobra (f)	['koβra]
pitão (m)	pitón (m)	[pi'ton]
jiboia (f)	boa (f)	['boa]
cobra-de-água (f)	culebra (f)	[ku'leβra]

cascavel (f)	**serpiente** (m) **de cascabel**	[ser'pjente de kaska'βelʲ]
anaconda (f)	**anaconda** (f)	[ana'konda]
lagarto (m)	**lagarto** (m)	[lʲa'garto]
iguana (f)	**iguana** (f)	[igu'ana]
varano (m)	**varano** (m)	[ba'rano]
salamandra (f)	**salamandra** (f)	[salʲa'mandra]
camaleão (m)	**camaleón** (m)	[kamale'on]
escorpião (m)	**escorpión** (m)	[eskorpi'on]
tartaruga (f)	**tortuga** (f)	[tor'tuga]
rã (f)	**rana** (f)	['rana]
sapo (m)	**sapo** (m)	['sapo]
crocodilo (m)	**cocodrilo** (m)	[koko'ðrilʲo]

93. Insetos

inseto (m)	**insecto** (m)	[in'sekto]
borboleta (f)	**mariposa** (f)	[mari'posa]
formiga (f)	**hormiga** (f)	[or'miga]
mosca (f)	**mosca** (f)	['moska]
mosquito (m)	**mosquito** (m)	[mos'kito]
escaravelho (m)	**escarabajo** (m)	[eskara'βaχo]
vespa (f)	**avispa** (f)	[a'βispa]
abelha (f)	**abeja** (f)	[a'βeχa]
mamangava (f)	**abejorro** (m)	[aβe'χoro]
moscardo (m)	**moscardón** (m)	[moskar'ðon]
aranha (f)	**araña** (f)	[a'ranja]
teia (f) de aranha	**telaraña** (f)	[telʲa'ranja]
libélula (f)	**libélula** (f)	[li'βelʲulʲa]
gafanhoto-do-campo (m)	**saltamontes** (m)	[salʲta'montes]
traça (f)	**mariposa** (f) **nocturna**	[mari'posa nok'turna]
barata (f)	**cucaracha** (f)	[kuka'ratʃa]
carraça (f)	**garrapata** (f)	[gara'pata]
pulga (f)	**pulga** (f)	['pulʲga]
borrachudo (m)	**mosca** (f) **negra**	['moska 'neɣra]
gafanhoto (m)	**langosta** (f)	[lʲan'gosta]
caracol (m)	**caracol** (m)	[kara'kolʲ]
grilo (m)	**grillo** (m)	['grijo]
pirilampo (m)	**luciérnaga** (f)	[lʲu'θjernaga]
joaninha (f)	**mariquita** (f)	[mari'kita]
besouro (m)	**sanjuanero** (m)	[sanχwa'nero]
sanguessuga (f)	**sanguijuela** (f)	[sangiχu'elʲa]
lagarta (f)	**oruga** (f)	[o'ruga]
minhoca (f)	**lombriz** (m) **de tierra**	[lom'briθ de 'tjera]
larva (f)	**larva** (f)	['lʲarβa]

FLORA

94. Árvores

árvore (f)	**árbol** (m)	['arβolʲ]
decídua	**foliáceo** (adj)	[foli'aθeo]
conífera	**conífero** (adj)	[ko'nifero]
perene	**de hoja perenne**	[de 'oχa pe'renne]
macieira (f)	**manzano** (m)	[man'θano]
pereira (f)	**peral** (m)	[pe'ralʲ]
cerejeira (f)	**cerezo** (m)	[θe're θo]
ginjeira (f)	**guindo** (m)	['gindo]
ameixeira (f)	**ciruelo** (m)	[θiru'elʲo]
bétula (f)	**abedul** (m)	[aβe'ðulʲ]
carvalho (m)	**roble** (m)	['roβle]
tília (f)	**tilo** (m)	['tilʲo]
choupo-tremedor (m)	**pobo** (m)	['poβo]
bordo (m)	**arce** (m)	['arθe]
espruce-europeu (m)	**pícea** (f)	['piθea]
pinheiro (m)	**pino** (m)	['pino]
alerce, lariço (m)	**alerce** (m)	[a'lerθe]
abeto (m)	**abeto** (m)	[a'βeto]
cedro (m)	**cedro** (m)	['θeðro]
choupo, álamo (m)	**álamo** (m)	['alʲamo]
tramazeira (f)	**serbal** (m)	[ser'βalʲ]
salgueiro (m)	**sauce** (m)	['sauθe]
amieiro (m)	**aliso** (m)	[a'liso]
faia (f)	**haya** (f)	['aja]
ulmeiro (m)	**olmo** (m)	['olʲmo]
freixo (m)	**fresno** (m)	['fresno]
castanheiro (m)	**castaño** (m)	[kas'tanjo]
magnólia (f)	**magnolia** (f)	[maɣ'nolia]
palmeira (f)	**palmera** (f)	[palʲ'mera]
cipreste (m)	**ciprés** (m)	[θi'pres]
mangue (m)	**mangle** (m)	['mangl]
embondeiro, baobá (m)	**baobab** (m)	[bao'βaβ]
eucalipto (m)	**eucalipto** (m)	[euka'lipto]
sequoia (f)	**secoya** (f)	[se'koja]

95. Arbustos

arbusto (m)	**mata** (f)	['mata]
arbusto (m), moita (f)	**arbusto** (m)	[ar'βusto]

videira (f)	**vid** (f)	[bið]
vinhedo (m)	**viñedo** (m)	[bi'njeðo]
framboeseira (f)	**frambueso** (m)	[frambu'eso]
groselheira-preta (f)	**grosellero** (m) **negro**	[grose'jero 'neɣro]
groselheira-vermelha (f)	**grosellero** (m) **rojo**	[grose'jero 'roχo]
groselheira (f) espinhosa	**grosellero** (m) **espinoso**	[grose'jero espi'noso]
acácia (f)	**acacia** (f)	[a'kaθia]
bérberis (f)	**berberís** (m)	[berβe'ris]
jasmim (m)	**jazmín** (m)	[χaθ'min]
junípero (m)	**enebro** (m)	[e'neβro]
roseira (f)	**rosal** (m)	[ro'salʲ]
roseira (f) brava	**escaramujo** (m)	[eskara'muχo]

96. Frutos. Bagas

fruta (f)	**fruto** (m)	['fruto]
frutas (f pl)	**frutos** (m pl)	['frutos]
maçã (f)	**manzana** (f)	[man'θana]
pera (f)	**pera** (f)	['pera]
ameixa (f)	**ciruela** (f)	[θiru'elʲa]
morango (m)	**fresa** (f)	['fresa]
ginja (f)	**guinda** (f)	['ginda]
cereja (f)	**cereza** (f)	[θe'reθa]
uva (f)	**uva** (f)	['uβa]
framboesa (f)	**frambuesa** (f)	[frambu'esa]
groselha (f) preta	**grosella** (f) **negra**	[gro'seja 'neɣra]
groselha (f) vermelha	**grosella** (f) **roja**	[gro'seja 'roχa]
groselha (f) espinhosa	**grosella** (f) **espinosa**	[gro'seja espi'nosa]
oxicoco (m)	**arándano** (m) **agrio**	[a'randano 'aɣrio]
laranja (f)	**naranja** (f)	[na'ranχa]
tangerina (f)	**mandarina** (f)	[manda'rina]
ananás (m)	**piña** (f)	['pinja]
banana (f)	**banana** (f)	[ba'nana]
tâmara (f)	**dátil** (m)	['datilʲ]
limão (m)	**limón** (m)	[li'mon]
damasco (m)	**albaricoque** (m)	[alʲβari'koke]
pêssego (m)	**melocotón** (m)	[melʲoko'ton]
kiwi (m)	**kiwi** (m)	['kiwi]
toranja (f)	**toronja** (f)	[to'ronχa]
baga (f)	**baya** (f)	['baja]
bagas (f pl)	**bayas** (f pl)	['bajas]
arando (m) vermelho	**arándano** (m) **rojo**	[a'randano 'roχo]
morango-silvestre (m)	**fresa** (f) **silvestre**	['fresa silʲ'βestre]
mirtilo (m)	**arándano** (m)	[a'randano]

97. Flores. Plantas

flor (f)	**flor** (f)	[fl'or]
ramo (m) de flores	**ramo** (m) **de flores**	['ramo de 'fl'ores]
rosa (f)	**rosa** (f)	['rosa]
tulipa (f)	**tulipán** (m)	[tuli'pan]
cravo (m)	**clavel** (m)	[kl'a'βel']
gladíolo (m)	**gladiolo** (m)	[gl'a'ðjol'o]
centáurea (f)	**aciano** (m)	[a'θjano]
campânula (f)	**campanilla** (f)	[kampa'nija]
dente-de-leão (m)	**diente** (m) **de león**	['djente de le'on]
camomila (f)	**manzanilla** (f)	[manθa'nija]
aloé (m)	**áloe** (m)	['al'oe]
cato (m)	**cacto** (m)	['kakto]
fícus (m)	**ficus** (m)	['fikus]
lírio (m)	**azucena** (f)	[aθu'sena]
gerânio (m)	**geranio** (m)	[xe'ranio]
jacinto (m)	**jacinto** (m)	[xa'θinto]
mimosa (f)	**mimosa** (f)	[mi'mosa]
narciso (m)	**narciso** (m)	[nar'θiso]
capuchinha (f)	**capuchina** (f)	[kapu'ʧina]
orquídea (f)	**orquídea** (f)	[or'kiðea]
peónia (f)	**peonía** (f)	[peo'nia]
violeta (f)	**violeta** (f)	[bio'leta]
amor-perfeito (m)	**trinitaria** (f)	[trini'taria]
não-me-esqueças (m)	**nomeolvides** (f)	[nomeol'βiðes]
margarida (f)	**margarita** (f)	[marga'rita]
papoula (f)	**amapola** (f)	[ama'pol'a]
cânhamo (m)	**cáñamo** (m)	['kanjamo]
hortelã (f)	**menta** (f)	['menta]
lírio-do-vale (m)	**muguete** (m)	[mu'gete]
campânula-branca (f)	**campanilla** (f) **de las nieves**	[kampa'nija de l'as 'njeβes]
urtiga (f)	**ortiga** (f)	[or'tiga]
azeda (f)	**acedera** (f)	[aθe'ðera]
nenúfar (m)	**nenúfar** (m)	[ne'nufar]
feto (m), samambaia (f)	**helecho** (m)	[e'leʧo]
líquen (m)	**liquen** (m)	['liken]
estufa (f)	**invernadero** (m)	[imberna'ðero]
relvado (m)	**césped** (m)	['θespeð]
canteiro (m) de flores	**macizo** (m) **de flores**	[ma'θiθo de 'fl'ores]
planta (f)	**planta** (f)	['pl'anta]
erva (f)	**hierba** (f)	['jerβa]
folha (f) de erva	**hoja** (f) **de hierba**	['oxa de 'jerβa]

folha (f)	**hoja** (f)	['oχa]
pétala (f)	**pétalo** (m)	['petaˡo]
talo (m)	**tallo** (m)	['tajo]
tubérculo (m)	**tubérculo** (m)	[tu'βerkuˡo]
broto, rebento (m)	**retoño** (m)	[re'tonjo]
espinho (m)	**espina** (f)	[es'pina]
florescer (vi)	**florecer** (vi)	[flˡore'θer]
murchar (vi)	**marchitarse** (vr)	[martʃi'tarse]
cheiro (m)	**olor** (m)	[o'lˡor]
cortar (flores)	**cortar** (vt)	[kor'tar]
colher (uma flor)	**coger** (vt)	[ko'χer]

98. Cereais, grãos

grão (m)	**grano** (m)	['grano]
cereais (plantas)	**cereales** (m pl)	[θere'ales]
espiga (f)	**espiga** (f)	[es'piga]
trigo (m)	**trigo** (m)	['trigo]
centeio (m)	**centeno** (m)	[θen'teno]
aveia (f)	**avena** (f)	[a'βena]
milho-miúdo (m)	**mijo** (m)	['miχo]
cevada (f)	**cebada** (f)	[θe'βaða]
milho (m)	**maíz** (m)	[ma'iθ]
arroz (m)	**arroz** (m)	[a'roθ]
trigo-sarraceno (m)	**alforfón** (m)	[alˡfor'fon]
ervilha (f)	**guisante** (m)	[gi'sante]
feijão (m)	**fréjol** (m)	['freχolˡ]
soja (f)	**soya** (f)	['soja]
lentilha (f)	**lenteja** (f)	[len'teχa]
fava (f)	**habas** (f pl)	['aβas]

PAÍSES DO MUNDO

99. Países. Parte 1

Afeganistão (m)	Afganistán (m)	[afganis'tan]
África do Sul (f)	República (f) Sudafricana	[re'puβlika suð·afri'kana]
Albânia (f)	Albania (f)	[alʲ'βania]
Alemanha (f)	Alemania (f)	[ale'mania]
Arábia (f) Saudita	Arabia (f) Saudita	[a'raβia sau'ðita]
Argentina (f)	Argentina (f)	[arχen'tina]
Arménia (f)	Armenia (f)	[ar'menia]
Austrália (f)	Australia (f)	[aus'tralia]
Áustria (f)	Austria (f)	['austria]
Azerbaijão (m)	Azerbaiyán (m)	[aθerβa'jan]
Bahamas (f pl)	Islas (f pl) Bahamas	['islʲas ba'amas]
Bangladesh (m)	Bangladesh (m)	[banglʲa'ðeʃ]
Bélgica (f)	Bélgica (f)	['belʲχika]
Bielorrússia (f)	Bielorrusia (f)	[bjelʲo'rusia]
Bolívia (f)	Bolivia (f)	[bo'liβia]
Bósnia e Herzegovina (f)	Bosnia y Herzegovina	['bosnia i herθeχo'βina]
Brasil (m)	Brasil (m)	[bra'silʲ]
Bulgária (f)	Bulgaria (f)	[bul'garia]
Camboja (f)	Camboya (f)	[kam'boja]
Canadá (m)	Canadá (f)	[kana'ða]
Cazaquistão (m)	Kazajstán (m)	[kaθaχs'tan]
Chile (m)	Chile (m)	['ʧile]
China (f)	China (f)	['ʧina]
Chipre (m)	Chipre (m)	['ʧipre]
Colômbia (f)	Colombia (f)	[ko'lʲombia]
Coreia do Norte (f)	Corea (f) del Norte	[ko'rea delʲ 'norte]
Coreia do Sul (f)	Corea (f) del Sur	[ko'rea delʲ sur]
Croácia (f)	Croacia (f)	[kro'aθia]
Cuba (f)	Cuba (f)	['kuβa]
Dinamarca (f)	Dinamarca (f)	[dina'marka]
Egito (m)	Egipto (m)	[e'χipto]
Emiratos Árabes Unidos	Emiratos (m pl) Árabes Unidos	[emi'rates 'araβes u'niðos]
Equador (m)	Ecuador (m)	[ekua'ðor]
Escócia (f)	Escocia (f)	[es'koθia]
Eslováquia (f)	Eslovaquia (f)	[eslʲo'βakia]
Eslovénia (f)	Eslovenia	[eslʲo'βenia]
Espanha (f)	España (f)	[es'panja]
Estados Unidos da América	Estados Unidos de América (m pl)	[es'tados u'niðos de a'merika]
Estónia (f)	Estonia (f)	[es'tonia]

Finlândia (f)	**Finlandia** (f)	[fin'lʲandia]
França (f)	**Francia** (f)	['franθia]

100. Países. Parte 2

Gana (f)	**Ghana** (f)	['gana]
Geórgia (f)	**Georgia** (f)	[xe'orχia]
Grã-Bretanha (f)	**Gran Bretaña** (f)	[gram bre'tanja]
Grécia (f)	**Grecia** (f)	['greθia]
Haiti (m)	**Haití** (m)	[ai'ti]
Hungria (f)	**Hungría** (f)	[un'gria]
Índia (f)	**India** (f)	['india]

Indonésia (f)	**Indonesia** (f)	[indo'nesia]
Inglaterra (f)	**Inglaterra** (f)	[inglʲa'tera]
Irão (m)	**Irán** (m)	[i'ran]
Iraque (m)	**Irak** (m)	[i'rak]
Irlanda (f)	**Irlanda** (f)	[ir'lʲanda]
Islândia (f)	**Islandia** (f)	[is'lʲandia]
Israel (m)	**Israel** (m)	[isra'elʲ]

Itália (f)	**Italia** (f)	[i'talia]
Jamaica (f)	**Jamaica** (f)	[χa'majka]
Japão (m)	**Japón** (m)	[χa'pon]
Jordânia (f)	**Jordania** (f)	[χor'ðania]
Kuwait (m)	**Kuwait** (m)	[ku'wajt]

Laos (m)	**Laos** (m)	[lʲa'os]
Letónia (f)	**Letonia** (f)	[le'tonia]

Líbano (m)	**Líbano** (m)	['liβano]
Líbia (f)	**Libia** (f)	['liβia]
Liechtenstein (m)	**Liechtenstein** (m)	[leχten'stejn]
Lituânia (f)	**Lituania** (f)	[litu'ania]
Luxemburgo (m)	**Luxemburgo** (m)	[lʲuksem'burgo]

Macedónia (f)	**Macedonia**	[maθe'ðonja]
Madagáscar (m)	**Madagascar** (m)	[maðagas'kar]

Malásia (f)	**Malasia** (f)	[ma'lʲasia]
Malta (f)	**Malta** (f)	['malʲta]
Marrocos	**Marruecos** (m)	[maru'ekos]
México (m)	**Méjico** (m)	['meχiko]
Myanmar (m), Birmânia (f)	**Myanmar** (m)	[mjan'mar]

Moldávia (f)	**Moldavia** (f)	[molʲ'ðaβia]
Mónaco (m)	**Mónaco** (m)	['monako]

Mongólia (f)	**Mongolia** (f)	[mon'golia]
Montenegro (m)	**Montenegro** (m)	[monte'neɣro]
Namíbia (f)	**Namibia** (f)	[na'miβia]
Nepal (m)	**Nepal** (m)	[ne'palʲ]
Noruega (f)	**Noruega** (f)	[noru'ega]
Nova Zelândia (f)	**Nueva Zelanda** (f)	[nu'eβa θe'lʲanda]

101. Países. Parte 3

Países (m pl) Baixos	Países Bajos (m pl)	[pa'ises 'baxos]
Palestina (f)	Palestina (f)	[pales'tina]
Panamá (m)	Panamá (f)	[pana'ma]
Paquistão (m)	Pakistán (m)	[pakis'tan]
Paraguai (m)	Paraguay (m)	[paragu'aj]
Peru (m)	Perú (m)	[pe'ru]
Polinésia Francesa (f)	Polinesia (f) Francesa	[poli'nesia fran'θesa]

Polónia (f)	Polonia (f)	[po'lʲonia]
Portugal (m)	Portugal (m)	[portu'galʲ]
Quénia (f)	Kenia (f)	['kenia]
Quirguistão (m)	Kirguizistán (m)	[kirgiθis'tan]
República (f) Checa	Chequia (f)	['tʃekia]
República (f) Dominicana	República (f) Dominicana	[re'puβlika domini'kana]
Roménia (f)	Rumania (f)	[ru'mania]

Rússia (f)	Rusia (f)	['rusia]
Senegal (m)	Senegal (m)	[sene'galʲ]
Sérvia (f)	Serbia (f)	['serβia]
Síria (f)	Siria (f)	['siria]
Suécia (f)	Suecia (f)	[su'eθia]
Suíça (f)	Suiza (f)	[su'isa]
Suriname (m)	Surinam (m)	[suri'nam]

Tailândia (f)	Tailandia (f)	[taj'lʲandia]
Taiwan (m)	Taiwán (m)	[taj'wan]
Tajiquistão (m)	Tayikistán (m)	[tajikis'tan]
Tanzânia (f)	Tanzania (f)	[tan'θania]
Tasmânia (f)	Tasmania (f)	[tas'mania]
Tunísia (f)	Túnez (m)	['tuneθ]
Turquemenistão (m)	Turkmenistán (m)	[turkmenis'tan]

Turquia (f)	Turquía (f)	[tur'kia]
Ucrânia (f)	Ucrania (f)	[u'krania]
Uruguai (m)	Uruguay (m)	[urugu'aj]
Uzbequistão (f)	Uzbekistán (m)	[uθbekis'tan]
Vaticano (m)	Vaticano (m)	[bati'kano]
Venezuela (f)	Venezuela (f)	[beneθu'elʲa]
Vietname (m)	Vietnam (m)	[bjet'nam]
Zanzibar (m)	Zanzíbar (m)	[θan'θiβar]